CÍRCULO *Luna Parque*
DE POEMAS *Fósforo*

Labor de sondar
poesia reunida
[1977-2022]

Lu Menezes

13 NOTA À EDIÇÃO

LABOR DE SONDAR [2022]

19 Distâncias não mensuráveis I
20 Ar do tempo
21 Distâncias não mensuráveis III
23 Espelho nosso
25 Está falando comigo?
26 Contigo não falo
27 Vida auditiva
29 Árvores de Natal no escuro
31 Farsante
32 Fellini e a aura ruante
33 No fundo e na superfície
35 Poíesis
36 Atos do olhar
37 Versão
38 *Sightseeing*
39 Interpretando um sonho
41 Folheando o sono
43 *Flash forward*
44 Luz tenaz
45 Soprando um Burano
47 *Surprise! Surprise!*

49 QUERIDA HOLANDESA DE VERMEER [2020]

GABINETE DE CURIOSIDADES [2016]

Onde no mundo
75   I — Elã bilateral
77   II — Fontes de renda
79   III — Linhas de navegação
81   IV — Linhas de transporte
83   V — Campos, pontos
85   VI — Linhas de tensão
89   VII — Amostras
91   VIII — Onde no mundo
93   IX — Mais pontos
95   X — Lírio

ONDE O CÉU DESCASCA [2011]

I. Tinta do céu
103   De volta à Terra
105   Tinta do céu
106   Onde o céu descasca
107   Rio congelado
108   Vista para chafarizes
109   Um Rio chinês
110   Entre pães de açúcar
111   Um Rio luso-holandês
112   Arraia
113   Propriedade

II. Iluminação a esmo
117   Papéis da prata
118   Manhã de prata
119   Homem-tatuí

120 Fata Morgana
121 Metros verdes
122 Massa estelar
123 Iluminação a esmo
125 Tsunami e vizinhança

III. Luzes ao longe
129 Destinos
131 Ao vento
132 Partida
133 Bandeiras
134 Ilhas, ilhéus, nomes
136 Monumento na névoa
137 Brilho de almas
138 Tombamento da noite
140 Luzes ao longe

IV. Genuína companhia
143 Lugar
144 Linguagem de fadas
145 Na galeria
146 Newton e o Natal
147 O mesmo olhar
148 Do Flamengo ao Lamego
149 Espigas gigantes
150 Ornitomancia
151 *Mise en page*
152 Plantações de vermelhos
154 Nuance entre lilases
155 Mil vivas à voz
157 *Sine qua non*

V. Pinturas de ação

- 161 Era negra e era a Lua
- 163 Pensar, curar, experimentar
- 164 Sol de Nietzsche e Hubble
- 165 Recuperação da informação
- 166 Leitura silenciosa
- 167 Espécies de sombra
- 168 Pintura de ação
- 169 Ponte suspensa
- 170 Cola com anticolas
- 171 Afinação
- 172 Música de Moebius
- 173 *Serendipity*

VI. O que se junta à gema

- 177 Entre gêmeas
- 178 Graxa-de-estudante
- 179 A coisa em *loop*
- 180 Figos nos bolsos
- 181 Seios feios
- 182 Mirtilos
- 183 Como uma gaivota
- 184 Faro para diamantes
- 185 Como casa japonesa
- 186 O que se junta à gema
- 188 Diminuindo-aumentando
- 189 Escafandro para Narciso
- 191 Uma nova beleza

ABRE-TE, *ROSEBUD*! [1996]

Gostos-da-Vida
201 Língua
202 Laranja, azuis e lilases
203 Enlevo do guloso
204 Estirpe
205 Epífita
206 Utensílios
207 Vasta via
208 Ordenha
209 Transporte para "nunca"
210 Grandezas

— *Abre-te,* rosebud*!*
215 Tesouro
216 Branco
217 Corpos simultâneos de cisne
218 Bandeira eviscerada
219 Neves de verão
221 Alhures *allures*
222 *Air* de Nair
223 — Abre-te, *rosebud*!
224 Alcance

Algo ágrafo
227 O sol não é uma estrela
228 Distâncias não mensuráveis II
229 Molduras
230 Relevos
231 Quiasmos
232 Pó

233 Tecidos
234 O casaco encantado
235 Y
236 Brinde
237 Render
239 Sal de si
240 Água de "igual"
241 Algo ágrafo
242 Compasso-corpo
243 Revisão do Paraíso

A cada instante
247 Instante
248 Afago
249 Cerâmica
250 Pingos
251 Enseada
252 Sucção
253 Proscrição
254 A bordo da chuva

O AMOR É TÃO ESGUIO [1979]

261 Viviam dentro
262 Olhava
263 O elevador estampado
264 A leiteira
265 Há um dia há um céu
266 Duas cores tinha "O Globo" em 26/9/76
268 Pisando na rua Bambina
270 Entrando em casa
271 Das árvores que as marés marinham

273 Ah ver o mar
274 Espuma
275 O luar
276 De certa classe de lembrança
277 Pátria-língua
278 Eu desejava
279 Ó dia verde

281 NOTAS DA AUTORA

289 AGRADECIMENTOS E DEDICATÓRIA

291 POSFÁCIO
Questões de Eco: comentário sobre a poesia de Lu Menezes
Flora Süssekind

315 ÍNDICE EM ORDEM ALFABÉTICA DOS TÍTULOS DOS POEMAS

Nota à edição

Este volume reúne pela primeira vez a poesia de Lu Menezes: os três livros publicados pela autora, *O amor é tão esguio* (ed. independente, 1979), *— Abre-te, rosebud!* (Sette Letras, 1996) e *Onde o céu descasca* (7Letras, 2011); as duas plaquetes: *Gabinete de curiosidades* (Luna Parque, 2016) e *Querida holandesa de Vermeer* (Luna Parque, 2020); além de um novo conjunto, *Labor de sondar*, que traz poemas inéditos e outros publicados esparsamente em revistas a partir de 1977. Ao final, a autora apresenta, em notas, mais informações sobre os textos.

Entre o texto mais antigo deste livro e o mais novo, contam-se 45 anos do trabalho poético de Lu Menezes. Ao longo desse tempo, seus poemas têm indagado, investigado, sondado formas de percepção e, nesta trajetória, parecem ter inventado um novo instrumento para vermos, ouvirmos e habitarmos o mundo. Como diz a autora num de seus versos, saltamos "de dentro pra dentro da vida". Boa leitura.

Labor de sondar
[2022]

Para Benjamin e Pedro

Distâncias não mensuráveis I

A distância entre

[pensar em rosas] & [comer geléia de pétalas de rosas]

não é a distância entre

[Borges] & Apesar de saber a hora do crime, a placa do ônibus, a polícia de Mesquita dos criminosos. Nem seus nomes. é Joel Borges, operário, que viajava a de seu irmão Jorge Luís Borges no —Nova Iguaçu, RJ FI-0568, da Em-Nossa Senhora da Conceição. O inci-u, segundo testemunhas, quando o u sua passagem e a do irmão e, ao re-reclamou que faltavam Cr$ 0,10.

não é a distância entre

&

não tem importância é tão ociosa tão ociosa quanto a distância entre a lembrança de uma garça viva & outra de louça.

Ar do tempo
(com Caetano Veloso)

Brasil do triste extravio.
No Rio de dezembro de 1973
o avesso da neve ressoa em inglês
in the hot sun of a Christmas Day.

Calçando meias de *led*
são mais que nunca inocentes
alheias ao ranger das botas
palmeiras que anoitecem fosforescentes.

Fugazes cúmplices da maresia,
aromas de marijuana e *patchouli*
no Natal, não policiam:
l'air du temps tem seu sursis.

Distâncias não mensuráveis III

I — Vias lácteas

Essa dona de casa
abriu bem mal no café matinal
uma caixa de aveia.
E ao varrer
o chão constelado de farelos...
lembrou-se de via TV
ter visto na véspera o *milky way*
— nossa galante galáxia espiralada
com seus bilhões das mais longínquas
humanas ancestrais...
não-transbordadas de alguma
cósmica embalagem, e sim
como a gente
nascidas em "berçário",
alcançando como a gente
pré-extinção, "idade avançada";
sem falar que somos feitos
"de massa estelar", guardadas
as ofuscantes diferenças
as evidentes e aquelas
infinitamente impensáveis.
Assim, ainda que de tão
arbitrário ângulo espreitadas,
uma parente menos distante
de estrelas que de caixas de Quaker
essa mulher se sente.

II — Distâncias

São agora seis da tarde.
Um cão ao longe late,
é seu Angelus, mas ela
não adivinha o que ele anuncia.
Veio pra perto, aliás,
o anjo que late.
Bastante perto
pois perante
a Via Láctea
a distância entre tudo
não se contrai?

Espelho nosso

Espelho, espelho nosso
nascido hídrico para Narciso...
me diga em quantas tantas
matérias te multiplicas.

Fascinante, certo espelho "de azulejo"
pintado em setecentista
cena com mulher e penteadeira
num azulejante museu de Lisboa.

Intrigante, essa artista oitocentista
que em sua casa com certeza teria
uma penteadeira
onde mirar-se "inteira".

Seu próprio rosto, todavia,
era sempre o que pintava.
Refletido, comprimido
em coisas tais
como panelas de cozinha
maçaneta da porta
torneira da pia.

Espelho nosso,
será protofeminista
o pincel não "feminino"
dessa autorretratista?
Clamaria ela em surdina ser só
o mínimo o máximo que lhe caberia?

De todo modo, já com "pintar"
terá também declarado
que uma mulher
outros meios possui
de se fazer espelhar.

Está falando comigo?

Mirando-se no espelho
o motorista de *Taxi Driver*
repete... repete com entonações diversas
    You talkin' to me?
e o protagonista De Niro, com isso,
cumpre seu dever de ofício
matando de uma só cajadada
    dois coelhos
sem nem precisar ensaiar.

Mas, olha o papel do espelho
encenando com brio
o que sem sua imagem
seria mera acoplagem
de ator e personagem.

Vê como esse *you* — esse outro
por extensão pode ser
literalmente *você*.

O quê, cansou? Parou
de refletir? Espera aí,
estou falando com você!

Contigo não falo

Um dos mil modos "graves" de atuar
é fingir estar vivo. Pior, talvez,
que ter morrido.

Entre os mil
desempenhos "divertidos" constaria
o da sábia mulher
do primeiro ministro japonês
que lado a lado com aquele
bufão americano...

solenemente fingiu
não saber inglês
e muda ficou
horas a fio.

Vida auditiva

I — Macieiras crescendo

Tornou-se "dessurda" após operação
que fez cessar a já longeva surdez.
Seus novos e sensíveis ouvidos
foram levados a passear
em área com plantações variegadas.
Logo indagava furiosa:
— O que há aqui para se ouvir?
E quebrando um galho seco
exemplificava: — Isso?
Será possível me terem trazido
a este ermo para ouvir
macieiras crescendo?!

Passar de um silêncio a outro
não foi o que sonhara.

Essa ranzinza ocidental, aliás,
jamais reagiria como um japonês
que aberto ao aurático valor agregado
propiciado por silêncio e vazio,
em circunstâncias iguais
compreenderia, agradeceria.

II — Molde para o silêncio

À beira da piscina vazia
posicionadas de certo modo
três cadeiras brancas vazias
de certo modo se entreouvem
se entrefalam e entressilenciam.

Árvores de Natal no escuro

Como lembranças dilapidadas
de um Natal clandestino sobre a Terra,
em constelações de janelas acesas,
semáforos, letreiros, arde um dos teus
tipos de luz prediletos.

Outro, lunar-estelar, ato contínuo
te converte aos Partidários do Céu Escuro,
aspirante ao mar sob um firmamento
tão amplamente cravejado
que no esplendor dos reflexos circundantes
se confundissem o oceano líquido
e o luminoso.

Fascínio fosfórico que te induziria
a navegar entre galáxias, orientada
por certa visão do Cosmo
descrita por Marcelo Gleiser
como semelhante
"à de um campo
com árvores de Natal
espalhadas na noite escura".

Campo de tal forma fulgurante e vasto
que te deixaria exausta, prestes
a apagar as luzes e dormir.
Não sem antes convir, reconhecer
serem árvores também estruturas
de matéria escura em que as estrelas

se sustentam. Fazendo-nos bendizer
a indizível Árvore da Linguagem,
suas figuras, metáforas, imagens,
seus incontáveis presentes.

Farsante

A certa altura de *Que horas ela volta?*
vê-se segurando uma tesoura de jardim,
no alto de uma escada, uma mulher
ouvindo outra que embaixo
empunha um regador
e instrui:

Faça que está podando
que eu faço que estou aguando.

Elas precisam plantar
um álibi para bisbilhotar
na casa dos patrões paulistas
o que se passa
atrás daquela janela.

A nordestina jardinagem
a própria língua portuguesa
logra também irrigar:
dá gosto colher
num filme brasileiro
tão saborosa atuação
do verbo "fazer".

Fellini e a aura ruante

O pavão abrindo o leque
se chama "ruante"

É como toma
a tela inteira de *Amarcord*
em ruante
imenso instante

Eu queria agora
um poema assim

semelhante
àquele navio esplendoroso
irrompendo
como um sonho inebriante

— um navio ruante —

um poema assim
eu queria agora

só com meia culpa minha
se meio ruim

No fundo e na superfície

No fundo do mar
um certo tipo de caranguejo
caprichadamente se dedica
a arranjar em frente à toca
pregos, botões, tampas de refrigerantes
cacos e cositas más... assim cultivando
seu jardinzinho — exposto
à cobiça de um ou outro
também competitivo vizinho.

No fundo da gavetinha
do teu filhote aos 5, quase
a mesma coleçãozinha.
— Nunca surripiada
talvez por ser ele
único filho e proprietário.
Embora sua física pessoa, sim.

Larápia — a própria mãe.
Quando pós-banho enxugado
o maroto roupão removeu
mínima casquinha seca
de uma feridinha. E seu dono,
revoltado: — Você roubou
meu machucado. Meu
machucado!

À mesma ré ocorre a lembrança
de duas irmãs "varrendo" a casa (escondidas)

quando uma briga eclodiu: — Você roubou
meu lixo! Meu lixo.

Até onde alcança "infância"?
"Coleção", o que pode ser?
Até onde vai "valor".

Poíesis

O mesmo
rato barroco que urdiu
seu ninho de ouro
com fios roubados da sacristia

é hoje outro
que rói a rede de iluminação
e reconstrói
pseudoelétrica a moradia

em surdina extraverbal
enredando-te, poíesis,
errática prática
errante energia.

Atos do olhar

Sujeitas a mirar translusitano
folhas bordadas em colcha azul
são ilhas de linha
num oceano de pano.

Exposta a visão apreensiva
a rubra Rússia do mapa
vira país em carne viva.

Ante olhar mui distraído
uma rosa emurchecida
acaba maquinalmente
desconstruída
despetalada sem dó.

Versão

Nos Andes, do avião
a visão de nuvens sobre neve
descontado o fundo azul
lembra o branco sobre branco
de Malévich e converte
a quase abstrata
grandeza minimalista da Cordilheira
em arquipioneira, imemorial
versão daquela tela.

A visão de nuvens sobre neve,
branco sobre branco
descontado o fundo azul,
nos Andes, do avião,
lembra Malévich e converte
a quase abstrata
grandeza minimalista da Cordilheira
em arquipioneira, imemorial
versão da sua tela.

Lembra o branco sobre branco
de Malévich, nos Andes, do avião,
a visão de nuvens sobre neve,
e converte a quase abstrata
grandeza minimalista da Cordilheira
em arquipioneira, imemorial
versão daquela tela.

Sightseeing

A guia turística informa
que chuva não cairá;
pela forma das nuvens
se sabe que vai nevar:
— Parecem lágrimas, veem?

Uma passageira ao anotar
"lluvia" em seu bloquinho
nota que o "ll" faz
a palavra ganhar
longos pingos em pé,
água suplementar
que no futuro o desuso
da escrita manuscrita
extinguirá, fará secar.

Pelo vidro da janela, a paisagem
com brancura, com brandura
não lhe parece "chorar".

Interpretando um sonho

Contemplávamos
uma cortina azul-celeste
quando teatralmente ela se abria
como se movida por nosso olhar
sem entretanto nada mostrar.

Sim, a interpretação dos sonhos
caiu em desuso, e ignora-se ainda
contra a leveza da teia onírica
que peso o abuso de soníferos teria.

Mas, sendo o sonho um senhor aracnídeo
bricolagista fingidor de imprevistos
materiais imagísticos, lembrei-me
do mesmo tom de azul estar

tanto no acolchoado
do centro fisioterápico onde trato
ingrata tendinite no joelho,
como na capa de chuva que é minha
única peça de alta costura.

O sonho sumário
insinuaria, então, ser o Tempo — teatro.
E ante o alerta da sua cortina
já no terceiro ato só nos restar
com elegância "representar"?

Não sei, não sei, talvez.
Qualquer sonho, uma vez interpretado,
acaba, afinal, escorregando com certeza
em abissal incerteza.

Folheando o sono

Honrando o *nonsense* das folhas
finas como meias de seda femininas,
o livro ilustrado cor de carne de um sonho
desfia-se num piscar de olhos,
súbita e sutilmente
cessa — ainda bem!

Pois, se como Alice
em maus lençóis nos achamos,
uma vez despertos, postos pra fora
— um viva ao Real, um aleluia
à surreal mudança dedicamos.

Transposta sem escalada ou rapel
a quarta a parede onírica também composta
como o muro da morte por folhas
de invisível *grafeno* — N vezes
mais forte que o aço e mais
leve e fino que todo papel,
a lógica com que escapamos
aliviados bendizemos.

Ignora-se que extensão, que divisória
tais instâncias possuem ou não.
Dispondo, aliás, de forquilha semelhante
a essa que franqueia em espanhol
"sueño" servir a "sono" e "sonho",
acordados chamamos de "verdadeiro"
esse outro pior pesadelo...

Sem muro algum de saída
dele só escapamos saltando
de dentro pra dentro da vida,
sabendo que "es sueño" ainda
e em meio ao barulho tentando
apenas dormir, afinal.

Flash forward
(Com Bob Dylan)

Knockin' on heaven's door
Knock, knock, knockin'

aos trinta aos sessenta aos cem
alguém se cansa

Outra sorte de desejo
bate forte em sua porta

O desejo de outra sorte
sem Terra sem céu
e estrela nenhuma à vista

Nada além do puro Nada
— esse horizonte —
de perfeição inaudita

Luz tenaz

Pensar que no nascer do Universo
flutuações térmicas infinitesimais
eram tudo o que havia
num mar de nada
num vazio oceânico, além
de certa luz audaz
viajando sem parar
desde lá, há 13
bilhões de anos.

Pensar também que com fatais
aumentos de temperatura
a nossa prematura
morte na Terra decretamos.

Mas essa luz tenaz
prosseguirá viajando.

Soprando um Burano

— Olha, meu filho, de tão preocupada, preferi
não ir a Murano: ao invés de ver soprarem vidro,
sopraria eu mesma o meu próprio
e distante Burano... Distraiu-me a Olympus
posta na mala por teu pai à revelia da minha não-
fotografia. Sol escondido, Veneza
emburcada como na tarde em que cheguei,
nublada pós-conexão em CDG pós-fascista,
resmungando antiturística que
Visconti era melhor — a Arte seria sempre
melhor — enquanto o *vaporetto*
rumo ao Lido avançava...
Desta vez, todavia, ele de lá
se afastava... só se via
água e mais
água quando
ante *oscura* extensão
perguntei à vizinha, em cuja *oscura* fisionomia
todo o mormaço ancorara: — Será um campo
de mexilhões — ou não é nada? Bem frente
ao Nada (note na foto aí)

estive até surgir
um barco de médio porte
negro e laranja tal
gigantesco
mexilhão,
meu mexilhão.

Logo, multicolor, Burano à vista — veja —

vencendo a névoa apareceu
como o Real dissoluto com seus
processos de revelação ininterruptos.

Comi os mais frescos frutos do mar do mundo,
cadeira tão à beira do *canaletto* que um vinho extra
me afogaria (lê-se na placa dessa ruela, aliás
Fondamenta dei Assessini). Comprei um piano
de renda um pavão
de renda uma paisagem
com ondas, gôndolas,
casas e ruas de renda nas quais
minha fuga de mim
prosseguiu. Mesmo assim
voltei antes, ameaçada
por chuva que não chegou a cair.

Surprise! Surprise!

Nessa manhã, ao acordar na cidade estrangeira
manteve a vidraça fechada para apenas ver
— como quando a gente subtrai o som da TV.

Na estreia do novo milênio altissonante
nevava pela primeira vez
ao vivo em sua vida e na da cidade.

Como sempre, como sóis citadinos
no *rush* nascente da avenida,
pintados em tamanho gigante
laranjas e refrigerantes
em caminhões colossais desfilavam...

Mas no letreiro da loja de móveis
em frente à sua janela,
no supernome

— *Surprise! Surprise!* —

a histeria vazia de sempre
parecia trocada
por um eco divergente...

Cada floco de neve
falava tão baixo

— *Surprise! Surprise!* —

Cada floco
lentamente sussurrava
ser surpresa
de outra natureza

ser
um presente
ser O presente

que talvez
se despeça para sempre
que não mais
se recebe "como sempre"

Querida holandesa de Vermeer
[2020]

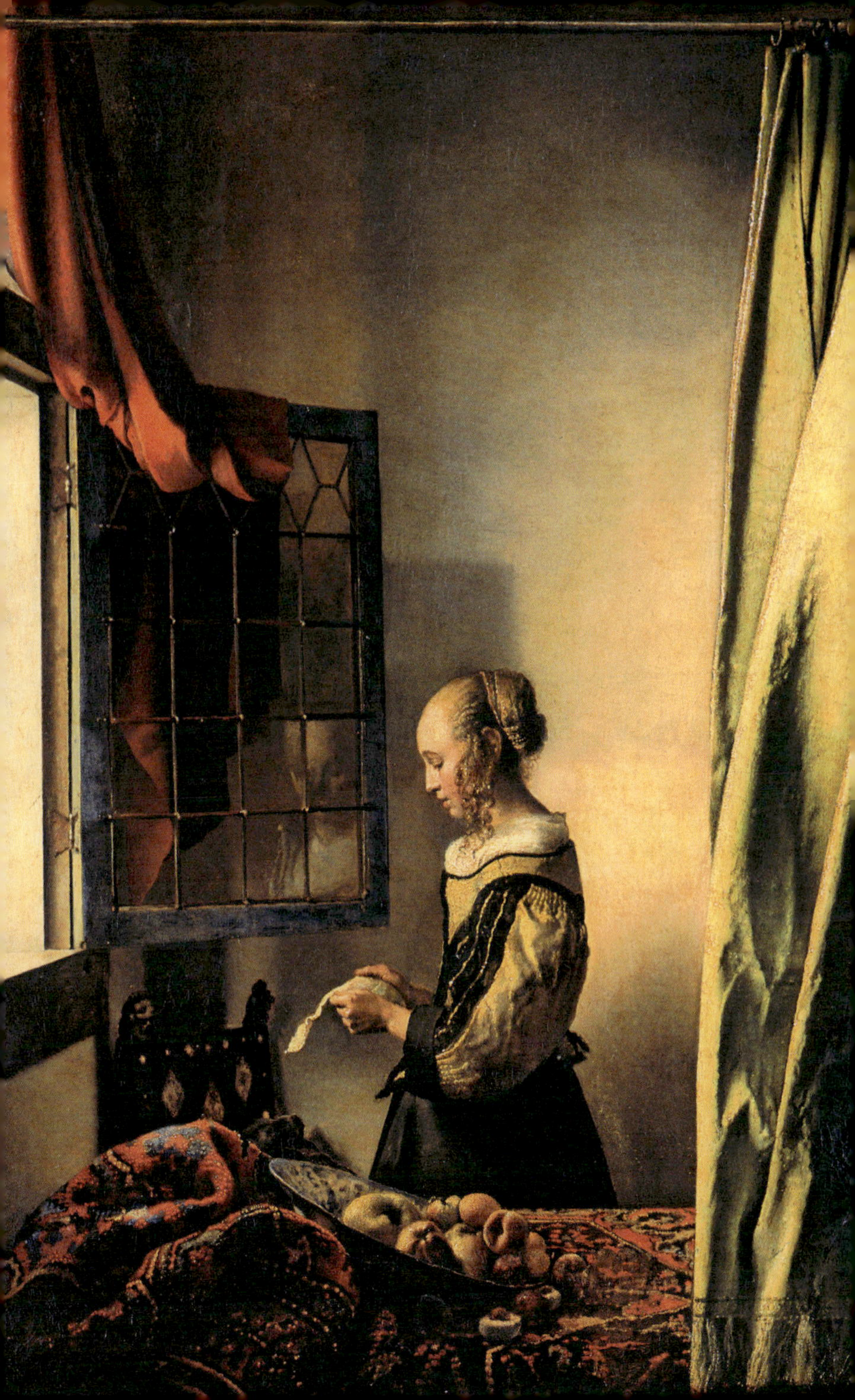

Querida Saskia,

Tome este nome como tangencial
homenagem a Rembrandt.
Te escrevo, mesmo que
o rumo desta carta
temerariamente pareça
com a estreita
ponte japonesa
suspensa
entre Hida e Etchu
numa xilogravura de Hokusai.

Flexível, molenga,
encurvada
ao peso de cada passada,
dependo dela para transpor
a largueza secular
que não nos separa
e te escrevo
mesmo longe da destreza
que travessia assim
exigiria.

Devo logo dizer?
O que me atrai até você
não é a carta que lê
   — de amor —
censurável como revela
o raio-x que no século xx
em sua tela descobriu
um cupido escondido.

Gosto sobretudo
de ver que você
   "lê"
e que no vidro
da janela entreaberta
   seu rosto
fugazmente aparece...
como interface que selasse
íntima adesão
ao lado de fora...
refletindo o acesso
a imensuráveis distâncias
no vazio ambiental luminoso.

Não sei
se "silencioso". Quem sabe essa sua
câmara vermeeriana de eco interior...
projetada por pintor
que amava a música,
seja também
musical?
Quem sabe
em seus ouvidos ressoe
um virginal barroco,
um alaúde... tocado
na sala ao lado?

Aqui, ouço "Van Gogh",
de Pedro Meirelles,
em contraste com o aparente
silêncio ao seu redor...
mas intensa sintonia
com latentes emoções
e a sempre libertária
verve do seu povo,
Saskia, tanto que
em vez
de se olhar no espelho
experimentando pérolas orientais...
é no ato de "ler" que você
se faz ver... exibindo
o valor incomparável
do infindável
alcance da linguagem.

Volto a Van Gogh, pois Vermeer,
que em poucos quadros
pelo pouco, pelo essencial primou
(e de quem, aliás, já disseram
ter pioneiramente visado
a própria "pintura"),
em tudo incrustou
minúsculos pontos de luz...
constelações
de mínimas estrelinhas...
enquanto mais tarde
seu compatriota Van Gogh
no céu noturno viu
estrelas como bolas de fogo
como a *cosa reale*
que de fato são
sendo ambos titulares
da "mentale".

Confesso, Saskia,
preferir tal dupla a Mondrian
de quem sou fã
só indireta... só quando
na noite urbana quadriculada
em vez de estrelas, vejo janelas
entoando odes à eletricidade.

Ambígua luz elétrica
que apaga as estrelas
e cruamente acompanha
— como em Hopper —
a solidão... mas forja
com generosa ironia
na noite das favelas
    enxames
de faiscante beleza.

Temos agora
relógios com mecanismo
de controle do sono,
dos sonhos, não, e para quê
se por força de soníferos
já quase não sonhamos.

Dormindo ou acordada,
com que sonhava você, Saskia?
Com tulipas da Turquia?
Como pôde uma flor
ser o pivô do pesadelo financeiro
em que a "tulipomania" culminou!
Não têm cheiro, as tulipas,
esculturas florais
pré-abstracionistas...
nem ante a morte se curvam,
altivas demais.

Sonhavas, Saskia, talvez
com paisagens exóticas
do império colonial holandês?
Com esmeraldas do Brasil
levadas nos porões dos navios
da Companhia das Índias Ocidentais?
Chamada antes — Companhia
para lugares distantes...

A biodiversidade pernambucana
pintada por Post e Eckhout...
de que seiscentista
burguesa maneira holandesa
você desfrutava?

Na grandiosa Amazônia
contam haver 100 mil espécies
de animais, 43 mil
de vegetais...
Pensar nisso, contudo,
dói tanto hoje que sobre lá
não vou falar. Basta dizer
que a atual erupção de barbárie,
incontável pesadelo,
me faz deixar
de crer em "civilização".
Basta lembrar, Saskia, que a Terra
já era redonda para você,
com esfericidade bem comprovada
via circum-navegação
de Fernão de Magalhães;
mas eis que retorna
o ultra-obtuso
"terraplanismo"
— obscurantismo
cúmplice e sinônimo
de outros em voga.

Em pleno século XXI
para terraplanistas
não vale a sublime alunissagem...
não vale uma das coisas
que fazem ter nascido no XX
valer a pena pra mim:
podermos agora
ver um "nascer da Terra"
mesmo que enquanto
não-instalados na Lua,
a "nossa casa" em toda a sua
miraculosa redondez azul
seja visível só através
de imagens através...
ah, Saskia!

Esse direito
da existência pós-mortal
a uma total
visão histórico-planetária
dispensa a descrição
da sucessão de inventos
que vão da "camera obscura"
(bastante usada por seu pintor)
à fotografia; desta ao cinema;
deste à TV e depois...
melhor consultar
seu Google interior,
por favor!

Grata pela companhia,
transcendental abraço
e até outra vez.

Gabinete de curiosidades
[2016]

Gabinete de curiosidades *compõe-se de duas partes, "Onde no mundo", de Lu Menezes, reproduzida a seguir, e "Gabinete de curiosidades", de Augusto Massi.*

ONDE NO MUNDO

I — *Elã bilateral*

Texto sobre "bordado" a ser tecido
e os bastidores insinuando-se sopram
que o tomate a gente vê crescer
e a batata, não. Um sinal
de que direito e avesso
exposto e oculto
aqui devem valer, guiar
já que saber algum
me traz ao terreno
— só velho fascínio
feminino-extrafeminino.
Seja então o que eles,
bastidores, quiserem!

-x-

Quase rejeito
um novo motivo agrícola, pois a estufa
ao remover "todas as incertezas climáticas"
removeria todos os campos do nosso campo de visão,
tanto os cultivados em compasso humano
— belos bordados paisagísticos —
como os que amanhecem
transfigurados
por extraterrestres
prodigiosos. Entretanto
tendo a invenção da estufa
driblado a praga de certa lagarta
que na maçã verde entra por um lado
e pelo outro sai como mariposa
— irrompa de vez no proscênio
o elã bilateral dos bastidores!

II — *Fontes de renda*

Era uma vez uma cidadezinha medieval
predestinada por poderosa tempestade
que fez do seu rio um canal
de navegação natural
ao longo de séculos de prosperidade.
Um dia, empobrecida
pelo lodo que de novo o obstruiu,
a Bruges restava ainda
a renda como fonte de renda.

-x-

Renda que vem de "reddere",
re-dar, dar de novo, devolver.

-x-

Renda e bordado: ao tempo
tangivelmente tecido
fraternais filiados.
Quatro horas de trabalho
rendem um mínimo centímetro de renda
que assim aufere valor agregado
como acontece ao bordado
— mais rentável se manual —
e não à poesia, essa impalpável.

-x-

Diz-se das comunidades pesqueiras
"Onde há rede há renda" — há linhas
com que em terra as mulheres compensam
a inconstância das linhas marinhas.
Os pescadores — não tecem ou bordam.
Por que quebrariam
tão arraigada e assimétrica simetria?

III — *Linhas de navegação*

Os marinheiros, eles bordavam.
Por longo tempo foi passatempo
de tais afeiçoados a cordames, nós, velames, bandeiras
— sujeitos a chibatadas neoescravistas contra as quais
rompido o XX debateu-se o Almirante Negro
que nos legou — atravessado por espada
um coração — sangrando
entre borboletas
flores pássaros
— intitulado
Amor.

-x-

O motivo preferido
da maioria, porém, era "navio".
Gosto de imaginar um marinheiro
bordando nas horas vagas seu navio.

-x-

Terá lhe dado um nome? Terá sido
Linhas d'Água, Barco Sóbrio,
Terra à Vista, Timão Clandestino?

-x-

Preso ao bordado preso ao navio,
terá a sua agulha ponto a ponto
remoído alguma doída saudade?

-x-

Gosto de certa receita russa de sopa
que une a transparência do caldo
aos vários tipos de peixes de um rio.

IV — *Linhas de transporte*

Abomino a Revolução Cultural Chinesa
que, súbito, além de tudo baniu o bordado
— remando contra a sua correnteza inocente
tão milenarmente forte que já derrubado o bote.

-x-

Da agulha chinesa imitando pintura
gosto quando se entrelaçam
fios de seda e cabelo animal (pelo)
ou fios de seda e pelo vegetal (capim)
— a exemplo desse sedoso leão
sentado em repouso contemplativo
quase sorrindo, tanta a suavidade
que o cerca no capim dourado
e na fulva juba como se todas as fibras
fossem só linhas de materiais diversos.

-x-

A propaganda da linha LUNA avisa que ela armazena a luz
e faz brilhar bordados no escuro. — Pousado no solo lunar
vê-se um enorme carretel; ao longe — a esfera azul
que bordada não me afetaria
tanto quanto saber extinto
— nas asas atrofiadas —
o voo da mariposa do bicho-da-seda
há três mil anos "domesticado".
Com ou sem linha LUNA
rumo à nossa extinção — a Terra continua
a girar enquanto pós-conquista lunar
seu brilho — a cada cópia
não se domestica? A aura
não se opacifica?

V — *Campos, pontos*

Soam como bordado sonoro
acordes isolados de guitarra
planando sobre a savana africana.
— Ora — confundem-se os campos? Talvez.
Bordado, como poesia, é ideia-ônibus que transporta
de corpos celestes a suturas nos terrestres; todavia
pontos cirúrgicos? nem pelas janelas do Google suporto
dada a semelhança
com arame farpado em carne e sangue
transpassados por Guantánamos — barbáries
que bastidores cavernosos
às nobres intenções da medicina antepõem.
Suturas, aliás, são mais cruentas
que a costura de peles de animais
— bordado arquiancestral
com agulhas de ossos
e linhas de tripas.

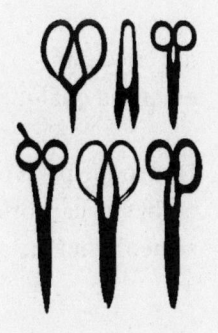

-x-

Se a mente
como viu Stevens
"é menor que o olho"
— muito perde quem na vida carece
de fibra também visual?
Depende, mas... mesmo que pintor,
dispense a tolice
de afligir-se com esta ou a outra
face da moeda.

-x-

Assim, não lamente
o não-acesso ao setecentista
stumpwork de uma sereia
no meio de um lago com peixes
segurando
um espelho
refletindo
seu rosto. Tente
ouvi-la cantar ecoando
o sonar soprano de uma baleia
que os sonares humanos
desorientam
até encalhar
em praia qualquer.

Ou troque por Yoko Ono e sirenes
ambas as cantoras
se nenhuma lhe aprouver.

VI — *Linhas de tensão*

Nunca abolirá
as "verdadeiras" sereias
o sereísmo — estelionato mítico-fashionista
capaz de com o rabo de peixe vestir
converter em filé mignon do desfile
mulheres idosas
dispostas sentadas na primeira fila
— seios despidos
ante ostensivos
espelhinhos espelhando
sua secreta demanda incorreta:
"Dizei a todos, espelho nosso,
que a decrepitude não nos torna
menos eternamente belas que elas".

-x-

Pelo avesso se redimem: revelam-se
ainda mais femininas que as genuínas.

-x-

Feminismo sereísta, sereias com seios caídos?
Tratando-se aqui de bordado,
pontos estéticos de vista — bom e mau gosto —
bem pouco importam. Longe de mim
sexismo etário — ou adversário
do ativismo inofensivo vigente
em Nipple Pride Parades: aplaudo
o índio que ao missionário
desejoso de saber
por que não deixariam
exposto somente
o rosto?
elucidou
"Conosco
tudo é rosto".

-x-

Também declare-se
que desta trama não constarão
as linhas enredadas
na obra de um Bispo do Rosário
ou no libelo de uma Rosana Palazyan.
Não constarão aquelas
das valorosas Zuzu Angel e Arpilleras
nem as entranhadas na bordadeira
genialidade mineira da família Dumont.
— Do crivo errante dos Bastidores
escapariam.

-x-

Agora, o sonar de quem vos fala
periga perder a direção...
mas os citados Senhores
intimam Prossiga! Meia-volta
volver ao chamado
stumpwork.

-x-

Lembremos, então, que assoma e assombra
no incontável cenário do bordado em relevo
o *traje de luces*, *costume de lumières* dos toureiros
— brocado brilhando ao sol da arena
com cintilações de angústia incrustadas
na tarde de arte de matar
ou morrer — ritual,
luxuosa e nem por isso
menos triste.

VII — *Amostras*

Bordejando, aportemos
nos antigos mostruários de pontos e figuras
— famosas "amostras" — didáticos quadrados de pano
contendo junto ao nome ou iniciais de quem bordou
a data de término do trabalho, e compreendendo
letras, números, desenhos inúmeros, além
de dizeres morais — preceitos virtuosos
contra o mundo pecaminoso
eventualmente vazados em versos,
a exemplo da invocação temerosa
feita em 1882 por Elizabeth Jacobs
aged 13 — e pobre autossuposta
pecadora da Church of England School:

The day is past over.
All thanks, O LORD, to Thee.
I pray Thee now that sinless
The hours of dark may be.
O JESU, keep me in Thy sight.
And guard me through the
    coming night.
Lead us not into temptation.

-x-

A propósito: os meninos também bordavam,
e todas as crianças usufruíam
as várias cores de fios em suas amostras
— exceto as órfãs ou aquelas
nos asilos dos pobres
a quem cabia
tão só
lã negra.

VIII — *Onde no mundo*

"Amostras" com mapas traçados
para os infantes absorverem a geografia
decerto inspiraram certo "motivo" que vi
no Le Bonheur des Dames em Paris
denominado "Où dans le monde" e onde
uma menina assistia a professora
com sua varinha apontar
um lugar qualquer
em nosso globo
um mero ponto
do mundo
um lá
ali
acolá.

-x-

Na ocasião, distraída, eu não percebi
ser apenas a metade do bordado: um "esquema"
uma *grille* — um metódico risco quadriculado.
Mas a gente, obviamente, quase nunca vê
tudo o que uma coisa é... ou diante
de algum homem boiando — metade na água
metade no ar — você tem também
consciência de ele assim ilustrar
algo como a quarta dimensão?

-x-

O fato é que no "esquema" em pauta
um lugar qualquer do globo terrestre
coincidiria com um ponto do bordado.
O lá se converteria em cá, o ali em aqui
no bastidor de alguma mulher
que a cada ponto a cada instante
seu e de tudo — aprenderia
o quê? além do preciso
presente impreciso
dela no mundo?

IX — Mais pontos

Pontos *terribilis* já rechaçados
encaremos os amenos? Não,
que são multidão
de cerca de trezentos.
Só os de "cruz"
uns trinta
entre os quais
avulta
o "russo"
praticado
pelos antigos egípcios
alçando a agulha o osso oco
das asas dos pássaros... E assim mantido
por russos imigrantes ultraortodoxos
no século XVII estabelecidos
nos Estados Unidos.

-x-

Em nosso incerto trajeto
urge apressar o passo ao largo de flora
fauna, cenas domésticas, temas heráldicos
N domínios figurativos
em que o ponto de cruz pontifica.
— Isso sem fechar os olhos
para os metacruciformes
crucifixos da imorredoura
via religiosa.

X — *Lírio*

Cumpre também mirar de passagem
na multiforme paisagem do bordado
o pendor metafloral
da jardinagem — extensa
a perder de vista — transbordando
em ponto de folha
folhinha
feixe haste junco linho
pétala pistilo
espiga margarida
semente...

-x-

A mim atrai somente o ponto "atrás"
para — quem sabe? aventurar-me
a bordar em linho branco
um lírio branco
com lastro
em *whiteworks*
e aroma
malevichiano.

-x-

Um lírio branco
— página em branco —
manifesta em sua alvura
a latência do futuro.
— Faz de conta
que com ele
já bordado
me despeço.
É seu.

Onde o céu descasca
[2011]

Espero que neste livro, como em janelas dispersas ainda acesas de madrugada, você encontre poesia. Mas janelas nos convidam a decifrar ou adivinhar. E a poesia em sentido restrito aqui ensaiada, intencional e verbalmente expressa, só certa disposição da sensibilidade exige, além de alguma compreensão, imprescindível a realistas incorrigíveis como eu.

Janelas a esmo iluminadas pertencem às 1001 fontes não intencionais de poesia que nos cercam, e ao cenário temático de Onde o céu descasca. *Nele você também achará, entre tópicos mais evidentes, o Rio – inclusive chinês, mourisco, holandês; relações de vizinhança doméstico-urbana e cósmica; palmeiras ao vento, faces do vento; crença e descrença; alma; luzes ao longe, medo, solidão, esperança e pedraria; propriedades da música, da sombra e da linguagem; falas de motoristas de táxi, escritores, astronautas na* TV *a cabo; ver-se no espelho do banheiro e no espelho lunar; ver e ouvir a mais e a menos, abstrair, figurar; o difícil (seu sal); o vazio (sua respiração); o deserto, o amor, o inconsumível, o imensurável; a correnteza fractal, o tesouro das nuvens e das manhãs.*

Ao longo de longos minutos, em pauta aqui estará não o eterno e imutável, mas a "metade da arte", o transitório, o precário. Pois o céu sempre descasca, e a "imperfeição é o nosso paraíso", enquanto uma enigmática Banda de Moebius faz deslizar, continuamente, de allegro *vivaz a* blues *desencantado e vice-versa, a música de fundo da nossa condição.*

Lu Menezes

A meu músico predileto, Pedro Meirelles

I — TINTA DO CÉU

De volta à Terra

"Você abre a escotilha e sente
o cheiro da realidade. A realidade cheira
a adega mofada e meia suja no porão da vovó"
— ele revela —
saudoso da gravidade, todo chegado
ao chão

Na volta do passeio sublime-ofuscante
depois de ver
a Terra nascer,

o sol
de hora em hora morrer

e dez vezes mais estrelas e estrelas
dez vezes mais brilhantes;

invadido
pelo efeito olfativo
desse contraste cósmico que a gente,
sem-nave, apenas pressente,

o viajante
ao respirar reconhece
já no grão vivo do ar
a graça do que passa...

Aspira, então,
por seu passado pedestre

em caverna caseira hibernante
— adega, porão —
cela onde a sombra
uma prole rasteira vulgar tenha feito vingar

Depois de chegar na Terra e farejá-la
— chegar ao sofá —
ligar a TV e tirar o sapato do pé
é tudo o que o astronauta quer

Tinta do céu

Toda vez que um senhor feudal
— disfarçando a blasfêmia a pedido da Igreja —
bradava *Par le sang bleu!* em lugar
de *Par le sang de Dieu!*

nos ouvidos dos servos
o Verbo
cor se fazia
Tingia-se de azul o sangue senhoril

Atrás
do biombo *bleu,* divino desde o mais
remoto alvorecer, o azul, sangue de Deus,
em sangue nobre assim se converteu

Plebeu ou nobre, bastardo
no isopor de uma embalagem de ovos,
legítimo em toda espécie de flor,
toda sorte de azul
do céu descende

Nômade, artesão da Distância,
diluidor de montanhas
ou sedentário, ilhado nos olhos de um pescador,
com seu frescor a tiracolo, o azul — *globe-trotter* mor —
errando aquém dos ares
em lagos, mares, rios da Terra e do sangue,
tinta do céu é ainda

Onde o céu descasca

No interior
da pizzaria pintada de azul com nuvens
um ponto
onde descola a tinta, onde o céu descasca
denuncia
o sórdido teto anterior
descor
de burro quando surge
E é só
o que delicia certo solitário comensal
— esse ponto no qual
extramolduras
o apetite de um Magritte por superfícies
genuína companhia lhe faz

— *Genuína companhia...*
num simulacro de céu, tal ninharia?
Yes!, no mínimo mais
que a fatia no prato,
o pedaço de teto nu e cru
— amostra menor do limbo,
do franco, fiel, frio limbo —
duraria, oh sim, duraria

Rio congelado

Raro Rio frio:
em manhã marinha do Leblon
na esquina da Delfim com Rainha Guilhermina,
beleza do Real — ferina — urdida em azul onipresente
violado por bandeiras de alerta vermelhas
amendoeiras tremeluzentes...
latões de lixo laranja, passantes, velas ao longe
e — sim — um perfeito senão:
este cão
preto com pata
engessada — quebrada? torcida? Cão manco
em preto e branco no coração da realidade hipercolorida
Tudo tão vívido engendrado pelo DJ do Acaso
que nenhum disco de Newton
jamais irá
girar e gerar
saldo amnésico
síntese cinza

Vista para chafarizes

"A imperfeição é o nosso paraíso", mas essa baía
foi já perfeitamente paradisíaca
quando baleias nela exibiam
seus chafarizes
— ancestrais naturais
de Alhambras
e Versalhes
Agora
— adeus! enigmáticas
mamíferas de Darwin e de Deus
Matronas fellinianas aquáticas
com hídrico penacho
no chapéu
— adeus
Há cinquenta milhões
de poderosas auroras inumanas,
com os membros dianteiros
trocados
por nadadeiras,
voltaram
ao mar
Oxalá
criando asas
— com a arte da jubarte,
com atlética leveza
aliada a potente sonar —
possam ainda
milhões à frente
saltar e voar

Um Rio chinês

Nessa baía
tantas baleias evoluíam que um belo dia
ao pé do Morro da Urca, ampla matança tornou de vez
Praia Vermelha a areia

Nessa baía que a pele repele
a gente hoje só se banha
em teoria:
só os olhos
no azul se molham
e encharcados de telescopia
a linha do bondinho puxam até a China —

até penedos verde-jade primos do azulíneo
Pão de Açúcar daqui — antes batizado Pote de Manteiga
no café da manhã de gigante
do viajante Léry

Primos chineses
próximos-distantes
também da altibaixa
sinfonia do "mar de morros"
em Minas — China de cá —
que em meio a névoa e melancolia
o pincel de Guignard soube orquestrar

Entre pães de açúcar

Uma vez decantado,
chamava-se "pão de açúcar"
o torrão de cristais concentrados
em molde cônico de barro
Passou ao morro
o nome
— ponte —
de pão a Pão
erguida pelos gulosos
longos dedos dos olhos

Salgado, granítico,
o grande
mantém-se tão bonito que resiste
ao tédio turístico-postal
Quase extinto, o pequeno
pão de açúcar colonial
só no Norte da África
— olaria imensa —
é ainda produzido
em fôrma cerâmica cônica
e vendido
embrulhado com papel
azul, cinzento ou pardo
no ar ocre argiloso
das mercearias afro-orientais

Um Rio luso-holandês

Além de lado a lado alinhar
Pão de Açúcar, Corcovado, Pedra da Gávea, Dois Irmãos,
o Rio pintado em parede da padaria "Joia"
tinha moinhos de vento à beira da baía.

A enseada carioca
turbinada pela mente aglutinante do pintor
ancorada em uma Holanda sem Mondrian,
sem diques de contenção,
era ainda enriquecida pelo mecenas português

expondo por sua vez
— contra a liquidez azul pincelada —
na prateleira de laticínios, entre latas de leite em pó
Ninho
um ventilador empoeirado,
subtipo tropical de moinho.

E o girar dos diversos tipos de pá
no olhar de um freguês
iria alimentar
— enquanto seu café durasse —
incerta energia vital elementar
empurrando-o, de novo, a ordenhar
a volúvel vasta vaca azul-lavável chamada imaginação.

Arraia

No centro do cardume
de arraias negras elétricas

uma única
— albina —

solitária em seu esplendor
como um luar no fundo do mar

Ser mais visível não a tornará
mais vulnerável ante o predador?

Como consegue contornar
os perigos da sua resplandecência?

No próprio fulgor, na diferença
a defesa estará

— na fulminância ainda maior
da carga elétrica

Propriedade

Penetrantemente se espraiar
é propriedade que paixão e música partilham com o mar

De música, todas as coisas, com sua esponjosidade ociosa
podem como *madeleines* se impregnar...

Por música — boa ou má — tudo se deixa tocar
no instante sonoro que avança amoroso

refazendo o tempo, abraçando o espaço, desejoso
de mundos e fundos como o mar

II — ILUMINAÇÃO A ESMO

Papéis da prata
(A Hileana e, in memoriam, *Mario Carneiro)*

Rua de fotografia preta e branca antiga
em praia de luz convertida
pela migração da prata para a superfície do papel

como se a natureza fotoquímica
ao longo do tempo forjasse
cópia ainda mais fiel do esplendor local um dia

Como se com tal fenômeno
a prata declarasse
ser extenso o seu espelho...

e na rua desta foto se mirasse
a face manifesta
de uma estrada de prata que o Real atravessa

Manhã de prata

Manhã nublada, a caminho da praia
passa-se pelo cemitério
— praia —
banhada de cruzes

Pulando
de túmulo em túmulo, escalam o céu
meninos empinando
pipas que chamadas "papagaios"
mais bonitas ficam

Alcançada a praia-praia
entre vívidos corpos nos banha a estranha
luz de Juízo Final que lá se ensaia...

— Imagina
quantos íntimos ritos de autoanistia,
quantos instantâneos
autobatismos não se veriam

caso algum novo tipo de raio ou
propriedade fotocrômica da prata
nos delegasse
contemplar mentes ao mar

Homem-tatuí

Era empregado da casa de chá "Baba de Moça"
e ia todo domingo à praia enterrar-se na areia,
hobby que já lhe valera o apelido de "homem-tatuí".

Não sei o que terá sido dele e do *hobby*
depois desse domingo em que o salva-vidas
foi chamado a socorrer alguém que se afogava na areia.

Desisti logo de vislumbrar, através
das circunstâncias líquidas da sua rotina, o insondável
deserto no qual decerto — *desafiado* — mergulhava.

Fata Morgana

A favor do literal deserto,
com seu minimalismo liso-silencioso,
as reservas de um vazio raro
oposto ao incessante rumorejar da Terra.

Mas, aqui, à luz da metáfora, afirma-se
contra o deserto, o deserto
— nascente — sombra —
palmeiras que afloram
à maneira de cada um de nós.

Inúmeros os desertos, incontáveis
os oásis desfrutáveis ao sabor
de gosto pessoal e estoico-instantâneo
labor de sondar

ao sol causticante, mesmo em Saaras contumazes,
fontes de irrigação fugazes,
sombras esguias
quase inexistentes

como a daquela alta palmeira
certamente tão discreta
quanto a linha que este poste de iluminação projeta.

Metros verdes

Verdes cúmplices verticais
dos azuis horizontais da orla,
críticas e rivais
de arranha-céus obtusos
intrusos demais,
palmeiras
são metros verdes:
inserem
na paisagem física
a retidão —
concisa
urbana
— tal
como na moral
certas pessoas o fazem

Massa estelar

Após questão condominial envolvendo
— vizinhazinha — versão rediviva
da estreiteza objetiva do encanamento predial,

atira-se exausta no sofá
e na TV o Cosmo vem revelar
em seu brilhante semblante
sombria faceta algo familiar:

"estrelas da morte" — superstars
dotadas de buracos negros que as devoram
até a explosão fatal
com emissão de raios gama
num raio de não sei mais qual astronômica distância
esterilizando sua inteira vizinhança estelar

— Ora, se não somos mesmo
"feitos de massa estelar" — ela considera
— Ora, se nesta vida
contraída por solidão, medo, rotina,
mais e mais não se repete
a visita germicida do universo-em-expansão
quando em tal canal aporto apertando este botão

(Logo, plagas do sono
— multiforme nebulosa, vizinhança bem diversa
igualmente longe e perto —
acolhem com sonhos opacos o seu eterno regresso)

Iluminação a esmo

O entra e sai periódico da Terra
em vento de partículas, nuvem
de matéria escura, teu contumaz
trânsito em trevas pessoais
evoca; mas a Terra
volta incólume da travessia

enquanto, às cegas, colecionas
hematomas
dos mesmos renovados
esbarrões — incuráveis?

Pouco te importa
— desde que estejas menos sombria
devidamente equipada com providente
luz própria

Não
essa lanterna implantada na testa
de espeleólogos, mineradores ou
professores:

luz
dos "noctilúcios"
— peixes e todos os seres
que nas quebradas da sua noite
brilham enquanto escapam dos predadores
iluminando
a esmo o recomeço incessante
de acertos errantes

Pouco te importa
tratar-se de *wishful thinking*, de fantasia
de superação — como escreveres
que só clareia quando os olhos
se habituam à escuridão

(Desabituarem-se, aliás,
não será mais eficaz?)

Pouco te importa
a rima em "ão" ou "ás"
neste poema — só vale a pena
salvar-se seu tema
salvar-se sua questão

Tsunami e vizinhança

Aí então, a mulher e a criança
seguiram uma serpente que nadou para terra firme
e conseguiram se salvar

A mulher era só
certa vizinha a quem a mãe, antes de morrer,
confiara a criança

A serpente terá sido
de repente, uma espécie de vizinha também,
vizinha de outra espécie

III — LUZES AO LONGE

As pessoas usam frequentemente lentes coloridas nos óculos para ver mais claramente; mas nunca usam lentes nebulosas.
Ludwig Wittgenstein

Destinos

O destino deste navio cargueiro com rota China-Seattle multiplicou-se na noite de tempestade de janeiro de 1992, quando vazaram no Pacífico cerca de 30.000 brinquedos de plástico para banho de banheira. A caravana de "floatee toys", que já singrou dispersa três oceanos (do gelo ártico ao calor havaiano), compõe-se de patos amarelos, tartarugas azuis, sapos verdes, castores vermelhos e ouriços cor de areia.

Quase todos os jornalistas omitiram o castor em suas notícias; e todos, o ouriço, exibido numa foto junto aos outros bichos na pá de plástico segurada pelo oceanógrafo C. E. — que acompanha também a trajetória transoceânica de milhares de pares de tênis Nike e luvas de hóquei. Mas não os culpo por negligenciarem a aquafilia de ouriços e tartarugas, privilegiando a fabulosa vocação navigatória dos patos — prato feito para nossa fome fantasista.

Por um lado, concebido pela vertente poluente do senso plástico do Acaso, configura-se um "waterwork" acidental; por outro, sente-se a pressão metalinguística do ramificado páthos do caso... Sublinhe-se, aliás, que na vasta cartografia de dispersão das aves, bem mais que os grandes fluxos coletivos de extravio, interessam-me os mínimos desvios resultantes em aportagens individuais solitárias... nessa e naquela remota paragem à beira-mar.

Pergunto-me por que as correntes marítimas decidiriam isolar, lá e acolá, via cargas-d'água e ventania, entre milhares de portadores da marca The First Years já meio apagada, um único pato — achado ao fim e ao cabo em alguma plácida praia por alguém que talvez o reconheça como peça rotineira do banho da infância... miraculosamente devoluta, devolvida décadas depois com papel expandido pelo páthos além-pessoal da aventura em escala planetária. Ou, who knows, encontrada por quem simplesmente aprecie Proust e Cidadão Kane. Pois seria preciso também merecer (don't you think?) destinar-se a achar algo assim.

E seria a solidão alguma espécie de corrente propulsora capaz de nos fornecer energia investigativa suficiente para sabermos o que C. E. com suas pesquisas científicas pode, ou não, aclarar?

Ao vento

Sem vento
as palmas penteiam
o céu rente ao estático arquétipo PALMEIRA
Ao vento, os pentes viram cabelo verde insurgente, verde
                              [que o vento
desarvora insuflando Liberdade! — ainda que sem norte —
sem guia — vazia — recalcada na topiaria
reinante em Versalhes
— onde folhas
fios de cabelo
olhares
não
desobedeciam
a sinuosa
e tácita
geometria
que já
avant Bauhaus
regia essa vontade
de poda escultural da vida desigual
— Só ao vento palmeiras convidam
a se libertar de todo protocolar, ritual mal-estar

Partida

O morto afogado foi posto sentado
no banco detrás do único carro

que daquela praia distante
levá-lo poderia

E quando ele partiu
o vento levantou seu cabelo —

Levantou seu cabelo
— o vento

Levantou-o
Levantou

Bandeiras

Palmeiras
com seu recorte completam
a silhueta insular da Solidão

Assim como mente e mundo
não se confundem,
e no céu da mente
o sol não é uma "estrela",

no oceano
não é inteira uma ilha sem palmeira,
sem a sua verde bandeira da Solidão

Ilhas, ilhéus, nomes

Nos mapas antigos, nomes diversos povoam
ilhas desertas do litoral nacional
onde o viajante incerto
em meados
do século XVIII, viu só
ruínas de um armazém português;

e outro, mais tarde,
"cães, cabras e porcos selvagens",
até por fim ser achado
em 1826
um marinheiro
abandonado por navio inglês.

Ilhados
em ninho de espinhos
filhotes sem nome
esperam os pais buscarem
sementes, insetos, acepipes que permitam
a cada qual ocupar
no urgente banquete da vida
o seu devido lugar.

E embora humanos implumes
peçam muitíssimo mais,
um menino ilhéu
morreu aos dois anos de metástase da fome
vomitando vermes numa tarde enevoada de 1987,
à míngua também da Linguagem,

sem ter sequer
um nome qualquer.

Você pode querer crer
que se aqui o Abandono
locupletou-se no *nada* encarnado nesse menino,

no Além,
o extra-humano de extensa nomeada
— Aquele-que-Enxuga-as-Lágrimas-dos-Olhos,
O Mestre Supremo, O Verbo Encarnado —
talvez ao seu colo o tenha chamado...

Você pode querer crer,
ainda que isso só sirva a você.

Monumento na névoa

Deste sofá, basta em geral erguer os olhos para achar
a estátua magnânima no alto
da floresta montanhosa magnífica.

Hoje, porém, quem olhar para cima
nem sombra do Filho de Deus verá; um turista extraterrestre
duvidará da Sua presença lá
como alguns humanos duvidaram já da existência do mar
e outros apostam ainda que na Lua não pisamos...

Enquanto nos descortina
a China no Rio de Janeiro, o nevoeiro
talvez omita
em algum *Guia Instantâneo para Marcianos*
a existência do Cristo de concreto...
invisibilizado tão perfeitamente que suspende
minha descrença de rotina.

O corpo vivo, a carne do Redentor
terá nascido de raro tipo de poder-de-esconder
análogo (no mínimo) à névoa que no momento,
além do seu monumento, envolve
um trio espremido neste sofá para dois
— o marciano, eu, você.

Brilho de almas

Alma, obsoleta
medida demográfica vigente
nas povoações brasileiras de outrora...
hoje sobrevivente
quando anoitece, quando se acendem
as lâmpadas das casas
e reanimam-se as cidadezinhas
repovoadas
de almas que luzem ao longe — ao largo da estrada.

Não luzem
na mondrianesca quadriculecência da urbe,
no *boogie-woogie* noturno tão belo da urbe
ou em qualquer refulgente
favela nela incrustada.

Gente demais
apaga a lâmpada da alma
— ela ao redor
requer
vazio que reacenda
a sua aura — elétrica na era
da reprodutibilidade eletrônica.

Chama para a qual
é clara condição
a solidão
chama-se alma.

Tombamento da noite

Certo joalheiro
incrusta em pulseira de concreto
só aqui e ali
um diamante

Ele deseja
que nela se veja algo como
— de madrugada —
engastada num prédio apagado
uma ou outra
janela acesa

Tudo o que fascina um *voyeur* do invisível
é a gênese deste desejo
na mente do joalheiro,
o trajeto do grande ao pequeno objeto:

um fosfóreo *peep-show*
com maciço nevoeiro
no meio
do lento instante
de ação da supra-hercúlea
força da imaginação

empurrando o arranha-céu até
tombá-lo como lembrança
da noite vertical da cidade
em volta
de um braço de mulher,

exigindo a dada altura
que o *voyeur* mude o não-ver,
use lentes nebulosas para assistir
a mente de alguém no Imensurável imergir

Luzes ao longe

Agora, é como se desse pedaço de vidro negro
com que pintores monocromatizam reduzindo
a tons, só tons a paisagem
("vidro de Claude")
vasta mortalha derivasse, nuvem íntima
da tinta que o polvo-mor tanto aspira,
petróleo
derramado sobre as 1001 cores de Bagdá
respingando
o Rio
da vida inteira quando na fila dos alvos de cá
sua vez
chegar enegrecendo o Corcovado verde-jade,
enegrecendo
palmeiras e azulejos do passado árabe-português,
enegrecendo
o Pão de Açúcar — sonho celeste chinês,

de tal maneira que não possas mais
preferir ver ao anoitecer
"noite, *esperança* e pedraria" através
do amado verso de Mallarmé
(teu vidro de *Mallarmé*)
porque
só em tempo de paz
segregam esperança as reentrâncias da pedraria;
só em tempo de paz
luzes ao longe — algum remoto bem
anunciam mesmo a quem o desespero tangencia

IV — GENUÍNA COMPANHIA

Lugar

Abarrotado de azul (do alto, único,
eletro-esférico-onírico) este lugar

que algo extraordinariamente distante
chamado *estrela* chamada *sol*
afeta constante e intimamente

— se "fato puro e conto de fadas"
ou fato impuro e conto sem fadas;

se *féerie* de contos de fatos,
com incontáveis contos
de incontáveis fatos;

se tanto fez e tanto faz,
decida ou não, o nobre freguês.

Linguagem de fadas
(A Eudoro Augusto)

Tennyson
contou a Carroll ter esquecido ao acordar
um sonho que lhe parecera memorabilíssimo, "um longo
poema sobre fadas" — com versos longos
progressivamente encurtados
até terem duas
únicas
sílabas
cada

Tennyson sonhou
com linguagem de fadas — abstração quase pura
como a música instrumental
sói ser

Ele sonhou
como um músico que sonhasse com ler
nas asas brancas de uma ave de extensa envergadura
a partitura de uma fuga
esquecida
ao amanhecer...

e descobrisse, na noite seguinte,
penas brancas escapando de gaveta mal fechada
incapaz de conter, de contar
tudo o que lá se ocultava

Na galeria
(A Jorge Guinle Filho, in memoriam*)*

No sonho, eu não via
nem seus olhos azuis nem a tela que eles miravam, mas
— de costas, com uma camisa também azul —
você obstruía

"Não obstruía, bobinha, tudo num sonho
é cenário, casquinha", alertou-me Cildo quando de manhã,
abrindo a janela, contei

Anyway, Jorginho,
emprestando o azul dos olhos à camisa
e com licença onírica pintando à Hopper seu não-realista
ser-para-a-cor...
este sonho soube retratar

a contemplativa solidão
de alguém cuja melhor alegria (isso você mesmo disse) nascia
em museus e galerias

Newton e o Natal

Na foto só aparece
um arco-íris sobre a casa
onde Newton nasceu no dia de Natal

Mas a gente o imagina lá dentro com o prisma
fazendo um raio de sol dar à luz
no quarto escuro seu próprio arco-íris

A foto é bonita como um presente de Natal
que se pudesse, vida afora, ganhar e desembrulhar

O mesmo olhar

Transcende a esfera do olho,
o olhar
— é óptica que ainda escapa
a qualquer lógica tecnológica em jogo.

Sagaz em seu táxi veloz
o motorista nota um neném
que tem "o mesmo olhar da mãe".

A passageira
queria ter visto
o mesmo que o motorista, mas
num átimo lhe aparece
o menor passarinho da sua vida

— um com sub, micro-
-olhar que nem motorista nem ela,
ninguém
além da parentela pássara
conseguiria flagrar...

Do Flamengo ao Lamego
(A Francisco Alvim)

Com pressa, semi-ignoro o promissor
tom azul-suspeito do táxi tomado na praia do Flamengo...
Dentro, conspiram pó assediante aliado a insofismável
odor de cocô.
Pelo retrovisor do carro sujo como o diabo gosta, vejo o suspeito
olho direito do motorista suspeitando
da minha suspeição...

Preciso sobreviver — finjo não farejar — e ouço, então:

— Hum... que tempo esquisito faz nesta tal de primavera aqui no Rio...
Não tem os cheiros do Algarve e de Trás-os-Montes, aqueles
que vêm do mato quando se passa pelas estradas de lá.
— Bela primavera essa...
— Chi, o Algarve fica cheio de amendoeiras floridas!
— Do que o senhor tem mais saudade na natureza portuguesa?
— De m'lão e p'ss'go. Do m'lão de casca de carvalho
e do p'ss'go grudado no caroço porque
o de caroço separado não tem graça nenhuma.
— É saudade, com certeza...
— Ah!, de todas as estações, e de quando
o outono acaba e uma árvore do Lamego
fica depenadinha e vem o inverno
e cobre de neve.

Espigas gigantes

Uma transeunte distraída avista
terreno baldio onde galinhas ciscam
à sombra de grande cartaz
com espigas monumentais que proclamam
o poder alimentício de um cereal

Cisma então que o vento
mordiscando
as espigas arquetípicas
de quando em quando
faz
farelos de papel amarelo
mesclarem-se a grãos reais
no chão, ao alcance
das belezas camponesas lá errantes

Agora, neste sítio que talvez
percorras igualmente distraído, sem qualquer
serventia extra-
fantasia, esta hipotética
ração multiamarela
com milho & milho o teu olhar constela

Ornitomancia
(*Aos meus pais,* in memoriam)

Ela não sabia da *ornitomancia*,
"adivinhação baseada no voo ou no canto dos pássaros",
quando se perguntou

— Será dele
esse canto colorido ressoando livre e comprido como se
liberado de longas penas?

— Será ele
esse pássaro escondido?

A mãe dela
agora chora quando vê
asa de galinha na panela:
"Era a parte que ele mais gostava".

Filha mais velha, trinante e ornitomante,
ela anuncia que o pai, com seu espírito de pássaro,
voou para não muito longe...
da grande gaiola de dias, noites e penas.

Mise en page

Hoje, no obituário, um trio bizarro
incumbiu-se de usurpar à morte o papel principal
de antídoto supremo para a vida:

— espanhol inventor do pirulito Chupa-Chupa;
— cantora austríaca de ópera (soprano wagneriano);
— autor americano de "controvertida" biografia de Hitler

compõem grotesca colagem
de pirulito, ópera e nazismo; infância, beleza
e monstruosidade recortando
ainda, a vida;

pois é preciso admitir, constatar:
contrafeito ou divertido, nenhum leitor poderá
atribuir ao editor do jornal o humor demasiado *noir*

Plantações de vermelhos

Vida: às vezes
plantações vistas de um trem-
-bala —
tão célere em rubricá-las
que desistes de saber
se os borrões

vermelhos vivos arrastados
por teus olhos fugitivos

jorram de tubos de rosas tomates hibiscos
tulipas cravos papoulas...

enquanto dentro
do coração turbulento
seres amados viajam em placentas da lembrança

que tentas
— sem foto ou filme, sem
atalho capaz de driblar sua esquivez —

romper para entrever
o luzir andaluz desse olhar
castanho-dourado risonho-rasgado
— chamado de longa distância —
aceso em lar estelar

Ou para entreouvir
na fala qualquer imantada

esse isso intransferível
que não a palavra — só a voz

exala
em câmera lento-amorosa
já que em ti
bem ao contrário de um trem-bala

— longe de disparar-abstrair —
urge lembrar
urgente e calmamente figurar

Nuance entre lilases

Que belo final o deste filme:
em seu extremo bilhete de despedida,
Vatel, o cozinheiro da nobreza
— papel a G. Depardieu destinado —
extremoso avisa

"Existe
em vinhedo próximo escondida
pequena plantação de cerejas,
seu gosto alcança
as taças de vinho"

Vermelha entre lilases
alcança-nos
sua metáfora para a própria
delicadeza — espécie benfazeja
de nuance
que nas entrelinhas se adivinha
e varia até
o limiar do sangue

Naquele assalto
com revólver apontado para o peito,
o teu direito à vida não terá sido sugerido
pelo tom levemente amigo
do inimigo quando berrou
"Larga a bolsa, pô, quer morrer?"

Mil vivas à voz
(A F. e C.)

Em sua voz o grau de alegria
grãos de cristal mediam.

— Colear indizível que um timbre sela
na fita de Moebius da fala — frequentemente
mais eloquente que ela
— voz —

organsim

de cada entranhada fábrica de fibras
— de vidro crepe veludo —
todo tecido com que o ser aracnídeo
trama a serpentina
tela que o vela e desvela.

— Engenho estranho
de tubos tão sem tamanho
— manilhas canos caniços
sentientes canais contingentes pelos quais
de longe em longe
jorra ouro passageiro ou resvalam
insurgentes intenções animais...

Se Deus, como Balzac nos diz,
conhecerá seus anjos "pelas modulações
de suas vozes e seus
gemidos"

— vibrai —
cordas vocais,
vós que sois
só dois
feios, fantasmagóricos fios

brancos que um sopro tinge
e via laringe, a alma
tange tornando tão mais

— harpa eólia arcaica arvorada
em harpejado arco-íris.

Sine qua non

Sem dispor de doce-rude
subfala,
nem virtuose do tato
logra de fato
tocar
o lábil
ouvido que inverso
resplende só ao calor
não de forjadas frases fogosas
mas irrefletidas
inflexões fulgurantes
faíscas fônicas que fustigam

V — PINTURAS DE AÇÃO

Era negra e era a Lua
(A Carlito Azevedo)

O astronauta estranhou a face escura da Lua:
"Era negra como piche
e era a Lua"

Uma coisa é saber
tratar-se de to be *and* not to be
a questão; outra, estar lá —
na escuridão lunar como em nevasca negra
experimentando
um medo incomparavelmente novo

Aqui
na noite elétrica clara demais,
hóspede turbulento desta altíssima
torre de concreto sem sombra
de Aladim,

o vento

— flautista atuante, antes tão antes
das primas flautas de asa de abutre e presa de mamute —

sedutor precursor
de Hamelin,

artista ancestral
com fome sonora infinita,

já não assombra,
infunde um medo farsesco duvidoso

enquanto obsessivo, manhoso, ardiloso
infiltra pelas frestas das janelas antirruídos
sua orquestra furiosa de sopros discursivos.

Pensar, curar, experimentar

"Na mordida desta cobra
só miolo de menino pagão
dá jeito — mas quem vai
matar o seu menino
pra fazer remédio?"

Foi o que sentenciou
mirando a cascavel sem vida
certo senhor do interior do Brasil
a quem um tal antídoto não atraiu.

"Nem o *seu* menino, nem menino alheio"
foi o que quase externei... ao ver a víbora
no chão de terra batida — e vislumbrar
como pode ser má — a proximidade
entre "pensar" e "curar".

Sol de Nietzsche e Hubble

Quando o olhar ainda era
ainda mais "humano demais",
aconteceu com Deus — que já
de certo modo morreu.

E embora seja ainda Ele
o que no extremo início procuramos
com nossos olhos de carbono voltados tanto para trás

— por isso mesmo, sim:
com nossos olhos extra-humanos atuais
muito ganhamos.

Contudo, só por saber
com prescientes Hubble *eyes*
que até o sol vamos perder daqui a milhões de anos

— o próprio sol —
de certo modo já não matamos?

Recuperação da informação

Aula de *Sistemas de Recuperação da Informação*
e olhando para fora, aluna dispersa divisa
em sombra sobre branco telhado de amianto
uma provável pomba — *escura*? — lá pousada.

Conquanto, a princípio, seu olhar tente
à guisa de correlação objetiva...
salvar da sombra o pássaro com ela confundida,
é algum nebuloso e diligente

Sistema de Perda da Informação
o que prefere acionar
deixando imersa na poça de sombra
a cor da folha ou coisa qualquer se afogar.

Leitura silenciosa

Uma sombra diz o que cala,
seu contorno, sua inaudível fala.

Por que romper certos silêncios
e ouvir sombras capazes de ferir?

Espécies de sombra

Uma sombra diz o que cala,
seu contorno, sua inaudível fala.

Por que romper certos silêncios
e ouvir sombras capazes de ferir?

Sai do aéreo-movediço
ingrato solo do Afeto
— salta! —

pro chão, pra sombra da folharia
na tarde que de sol
soa una, soturna e muda,

enquanto de sombra
em mil minissinos
repicada ressoa...

Neste inumano refrão da Alegria
— sem sombra de traição —
"ao largo de alma" encontra "isenta, fiel" companhia.

Pintura de ação
(A Clarisse Tarran e Mario Fraga)

Na fachada de uma casa
— branca como este papel —
sombras em revoada me importam mais
que as pombas reais com as quais
rimam

São
dripping chinês fugaz-arrulhante...
pintura
de silhuetas em ação
alada-escura inesperada

rapsódia tachista
sem
moldura

— Sombras —
as pioneiras, primas, primevas
abstratizantes
rimas toantes expostas na face da Terra

Ponte suspensa

Mulher tensa
que pensa enquanto se penteia
em como desembaraçar sua vida

Ponte suspensa
entre cabelo e mente
entre
nós amotinados
e iminente naufrágio,

o pente

cede ao apelo de anjo *coiffeur*,
cede a vez
a uma tesoura

que corta pensamento falaz
delegando ao espelho
refletir
franja vermelha curta demais

Cola com anticolas

O make me an angle!
você aos céus implora
na cola de Dylan Thomas rogando
O make me a mask

e na branca anticola
daquela artista paulista escovando
os dentes até não mais se ver
um pingo de rosto atrás
da máscara de pasta...

e na negra,
da cineasta belga engraxando
as botas e depois
as pernas e depois
incinerando a habitação

— Do Cosmo ao subsolo
na anticola vermelha de Cildo,
O make me an angle!
— insistes

na frente do espelho
passando o batom sem ultrapassar
limites... sem se desviar... respeitando
o contorno labial, o entorno social;
exorcizando
todo extra-artístico risco de escândalo
que algum milimétrico
impulso inoportuno possa criar

Afinação
(A Gisele Lessa Bastos)

Antiquíssima também será
mulher que aspire a se afinar...
e por flores — infrassonoros
diapasões
que há cem celestes
milhões de anos a Terra animam;
pelas mais primitivas, pelas primeiras,
por magnólias com seus
lábios lunares e ultrafino
odor de violino,
entre outras fontes instrumentais
pautar-se-á
a aspirante a se orquestrar.
— Antiquíssima, mas não
tão leve quanto mulheres que no sul da China
subindo em escadas de bambu
colhem magnólias destinadas
às mais caras essências do mundo.
Antiquíssima, mas não
etérea,
não confundível com
flor ("sonho fora do sono" como Cabral sumariou).
Enfim, nada irreal, tal criatura construirá
a própria escada de bambu
escada de bambu
escada de bambu pela qual
de degrau em degrau
dia a dia alcançar
a sua magnólia só sua

Música de Moebius

Enguias-de-jardim
como havaianas de Honolulu
no fundo do mar o imitam:
longilíneas
ondulam
e em silêncio
solam solidárias,
cada qual
simulando
ser simultaneamente
além de peixe
serpente e vegetal
em meio aos
meneios da visível
música de Moebius que modulam

Serendipity
(A Vivien Kogut e Carlos Tamm)

Implicava
com o verbo "navegar" aplicado à web
até um dia — atrás de "enguias-de-jardim" —
resvalar por entre falas de mergulhadores dos Açores
— rapazes e raparigas que o trato ao vivo com as tais
tornava mais que informantes capazes —
espiões ideais.

Na ocasião
dedicavam-se, todavia,
não a palrar sobre esplendores submarinos, e sim
desferir, com seus arpões hormonais, chistes sexistas entre si
ainda quando um descrente, que até então só conhecera
as criaturas em inglês,
indagou do companheiro se aquele recém-sabido apelativo
                                          [português
— verdadeiramente — sem sombra de dúvida —
a "garden eels" correspondia?

— Nós a falar de meninas e eles de enguias....
— É que as meninas são escorregadias como as enguias.
— É que vocês têm mãos de manteiga e nem sempre
jeito para nos agarrar...
— Realmente: não se pode generalizar: há as enguias... e
                                          [as rêmoras...
como a menina com quem mergulhei outro dia.
— E não houve ali uma relação
simbiótica?

Neste tom
prosseguiu a folgança farsesca,
a fraterna pândega puur'tuguesa — sempre subaquática para mim —
afetada, talvez, pela embriaguez das profundezas,
sem me lembrar em nenhum instante
de não estar
no fundo do mar...

Depois, em terra firme
lembrei-me sim: algum tempo antes, no início do milênio,
argumentara com certo garoto de 15 anos pertencerem,
no mundo real,
as pastas aos arquivos, e não o contrário, ganhando em troca
este conselho
certamente relativizável: "Mãe, esquece o mundo real,
isso é coisa do passado".

Esquecida — convertida
graças aos influxos propulsores
do meu radical conselheiro e de Cronos — o Irresistível —
neste *serendipitous* encontro
com o bando lusoparlante de mergulhadores,
deixei-me em dobro imergir no mui Admirável Oceano Novo...
reconhecendo absoluta pertinência em "navegar"
— belo verbo encharcado de passado
— reinante sempre — atemporal —
renascente sejam quais forem
as condições vigentes
— marítimas, aéreas,
ciber-hidroespaciais,
etéreas demais...

VI — O QUE SE JUNTA À GEMA

Ya no seré feliz. Tal vez no importa. Hay tantas otras cosas en el mundo.

Jorge Luis Borges

Entre gêmeas
(A João Moura Jr.)

TV a cabo, insosso e poluído oceano de canais
no qual um grão de sal
é diamante em lixo ensanguentado...

Competindo por um solteirão
estampadas em sofá rosa-chocante
estas louras
gêmeas americanas

a que diz
Ele vai
casar comigo porque não sou chata
e a outra que rebate
Ele vai
casar comigo porque sou chata

Antes
de tentar adivinhar
qual das duas o príncipe escolherá;
antes de zerar o zapear obtuso usual

dá-se graças aos gregos,
graças a Zeus, desta vez,
pelo inesperado tom paradoxal da cena
— harmoniosa em seu desacordo rosa-feioso

Graxa-de-estudante
(A Orson Joaquim Meirelles)

A eficácia da graxa-de-estudante
— arbusto cujas flores vermelhas "os estudantes pobres
esfregam nos sapatos para tingi-los de negro" —
atinge agora apenas uma página do Aurélio.

Tanto quanto o ofício de engraxate
o seu papel de graxa a grande borracha já apagou.
— E que "estudante pobre" hoje teria
um pé de hibisco ao alcance da mão?

Ao alcance da mente, é ainda eficiente
a graxa-de-estudante
— geringonça vegetal
atuante
entre quintal e garagem —

móbile híbrido onde na ponta
de cada galho
balança uma lata
de graxa negra tendo dentro
flor vermelha machucada pela tampa.

A coisa em loop
(A Ricardo Domeneck)

Diamantina de fins do XIX:
em seu diário, certa menina conta que provou
"um doce gelado chamado sorvete"

Alvorecer do XX: aerífero inventor
no relatório hoje bisonho, argumenta:
o seu engenho gera
aragem "semelhante à brisa"

Raiar do XXI: frescor maior
nos chega não de sorvete ou ventilador
mas da janela
dessa linguagem que lhes insufla

outra vida fazendo a coisa
bisar-se dizendo
— abrangente, expansiva —
eu é uma outra-ainda-eu

Tal qual esta folha de papel
que dobrada-redobrada
ganha asas
e no céu da tua mente um *loop* traça

Figos nos bolsos

A vendedora de rua não tinha como embrulhar
os muitos figos que Benjamin comprara...

Degusta-se, então, a graça infinita com que relata
seu empenho glutão em livrar-se da carga ao caminhar

— dedos lambuzados entre boca sempre cheia
e bolsos que pareciam jamais de novo vazios.

"Figos frescos": ler para crer — comprovar
que migalhas em quaisquer outros bolsos,

nos dele — transbordantes de talento operante —
convertiam-se em banquete durável, lauta poesia.

Seios feios

No Reino do Real, terra "ruim" por ser
ácida e isso e aquilo, pode ser
boa para o cultivo
de girassol ou milho

No paralelo
Império da Linguagem,
onde couves nos ouvem e, mais que os bonitos,
seios feios rimam como mamilos com pistilos,
um Midas que não se arrepende
rege o plantio
da terra indizível sempre "boa"

Só nela cresce
de ouro o cabelo louro do milho
Só ao sol
do Verbo que a governa
se torna
de ouro o olho amoroso do girassol

Diverso do vazio do pensamento, o desta terra
parece mais suculento: quando se pensa, por exemplo,
num deserto absoluto, sombra alguma se apresenta;

aqui, contudo, implantada "na calma areia da página"
a sombra ausente assoma
e conta sem a gente se dar conta

Mirtilos

Mirtilos à venda!, achado honrado
com nota grafada na nota fiscal
contando
cena obscena em que se vê
vampira munida de incontáveis
dentes cifrados...
mordendo simultaneamente
todas as bagas
até
pelo canto da boca
escorrer
o sumo violáceo
da longevidade prometida
na etiqueta do mercado

Como uma gaivota

Por que foste comprar na liquidação da Krishna
                        [esta camisa coral?
Puro excesso de autoconfiança corporal passageira, peça
que te prega a tinturaria instantânea
"Humor" avivando
a cor de fatos e coisas
— água —
do entusiasmo
banhando
tudo
Quando
a onda na praia recua — resta
sem seu ar aquático vivificante — um coral —
exposto ao sol até perder
o tom-valor
e no guarda-roupa
ganhar
manchas amareladas — uma camisa —
relegada à obscuridade...
Por que
foste comprá-la
se uma ave como a gaivota
— com o bico reto próprio para
a pesca certeira da sardinha — não é mais precisa
que você — quando no shopping busca
uma presa, uma blusa — e a vê
através da água da
vitrina

Faro para diamantes

Nas terras ricas em diamantes,
confundindo-os com grandes grãos
de açúcar

as formigas

levam-nos para o fundo da colônia
e após
vãs tentativas de dissolvê-los com suas enzimas,
lá os abandonam, assim provando
dupla falta de faro, pois
depois que desistem de tornar
comida os diamantes, nem em sonho
vislumbram convertê-los
em micrometeoritos ao redor dos quais
confabulassem
(como os hominídeos de "2001")
reconhecendo em tais entes
resplandecentes
parentes do Formidável
ou as iscas faiscantes de algum
Esplendor Predador
— Mas
com mil cigarras!, que direito te arrogas
cobrando de formigas surgirem contemplativas
se em nossa própria Terra
menos e menos sabemos o que fazer
da beleza indigerível, do limite diamantino
que manhãs & amanhecer às nossas enzimas ensinam

Como casa japonesa

— Alma —
como casa japonesa
leve sejas

Possa em volta de ti
— a cada instante, a cada gesto —
haver
não falta ingrata, mas vazio tutelar
com valor similar
àquele ao redor
das coisas no país
"do sol nascente"

Possa em torno de ti
prosperar
como sol nascente
o vazio
como elogio
ao puro ato
de estar no espaço,
ser, existir, respirar

E corpo — quem me dera —
alimentando o *esprit de finesse* de um gastrônomo esguio
nutrisses tal vazio;
quem me dera em alta — a alma — assim mantivesses

O que se junta à gema
(A Aníbal Cristobo)

Se
quando se frita um ovo
o que se junta à gema — além de sal —
é pensamento,
pode-se então tudo juntar, juntar até
a lembrança de outra gema

descoberta
por um teleaventureiro
munido
de *savoir faire* irrestrito

ou bom farsante dublê
de guia intrépido do Inóspito, mas
who cares?

Gema de ovo de corvo
em alto penedo disposto
e alcançado
a duras penas...

Tanto que após fritá-lo
sobre nua pedra quente no deserto do Colorado,
este homem confessou ter ingerido
"mesmo sem sal"
o ovo
mais delicioso da sua vida
— o qual

de metáfora nos sirva
sabendo, decerto, a sal do deserto,
sal do difícil
— íntimo, pessoalíssimo —

Diminuindo-aumentando

entre noite e alvorecer

— aí está você —

no chão deste errático
entrelugar do coração

buscando sempre
um cogumelo
dourado

mínimo

um sol nascente interior
com poder nuclear também chamado amor

Escafandro para Narciso

No século das luzes, assombrou um luminar da razão
que até no fundo do oceano, "onde o olho humano
raramente chega",
chegasse a beleza
Hoje
com nosso olhar extra-humano
em troncos rochas seixos nuvens,
em vasos sanguíneos
mergulhando
fundo
— tão fundo que via mapas
de Sherazades-geômetras
chegamos
ao âmago, aos mananciais
de arabescos fractais —
hoje mais
que a própria
serpenteante
beleza recém-nascida
(proliferando sob medida
de transbordante em transbordante
represa incontida)
intriga é que ela ostente
a cada autossemelhante
salto da sua
correnteza de surpresas,
essa razão
inesgotável, uma razão
obsessiva

como se
não de um século, e sim
de todos, de tudo,
"do duro cerne da beleza"
jorrassem já as luzes

Uma nova beleza
(A Pedro Meirelles)

Compreende-se por que
depois de conhecer a "magnífica desolação" da Lua
o astronauta nunca mais se queixou
do tempo que faz

Descoberta a beleza sideral da Terra através
do espelho lunar — oxalá nosso futuro
não apareça nessa arquiadmirada
bola de cristal — de perto, empoeirada
sem cheiro, sem atmosfera, sem nada além de crateras

Quando o dedo da moça do tempo na TV
roça a face azul da Terra apontando lugares
e a música do tempo toca enquanto se sabe
que o planeta terá frentes frias e quentes
canícula neve tufões tempestades...

e na vasta colcha mutante são emendados
os céus de rosas os céus nublados
o sol brilhando as nuvens pingando sobre grandes cidades
— Londres Lisboa Tóquio Los Angeles...
Rio de Janeiro Madri Istambul Buenos Aires

— tudo junto gera
sensação estranha — lágrima impessoal climática
que rola pelo ser afora
como as profecias da meteorologia contornando
a bola de sonho em que dia após dia acordamos

— Abre-te, *rosebud*!
[1996]

Ao meu filho, Pedro Meirelles

Havia terra neles, e cavavam.
Paul Celan
(A Rosa de Ninguém)

GOSTOS-DA-VIDA

Língua

Lama seca estala sob os pés
de um povo do deserto que fala
uma língua que estala

Afina-se
alvíssima areia assoviando
finíssimo
a cada passo
nosso
seu som de seda

Aquém
de humana fala,
desde bem longe
língua também
sola do pé
é

Laranja, azuis e lilases

Uma aurora alaranja a palavra "outrora"
e nela ancora
fugaz futuro, ar
do poder de porvir que habita
os nascedouros de mitos

Chamando-se "gostos-da-vida"
certa ameixa comprova:
o apetite da Língua a si próprio prova

Língua, espécie de hortênsia,
singular flor plural com a qual
o cultivo de buquês ambíguos
— azuis e lilases —
à beira de velho abismo

Azuis
do "mergulhão-de-pés-azuis" das Ilhas Galápagos

Lilases
dos pés de um pisador de uvas
recém-nascidos
da cuba salpicados
de cascas grudadas
Ébrios embriagadores

Enlevo do guloso

Religiosidade do guloso
aos dois céus ambas as línguas
religa quando ele mastiga
massa de hóstia de alvo
pastel conventual em Portugal alcunhado
"barriga-de-fr'áira"

Topofílico
enlevo terra a terra do guloso
provém de imprensar
contra sua superfície papilar
arenoso relevo de biscoito

Na abóboda palatal do guloso
algo de gol
ecoa através
do travo de um gosto
de uva cuja curva
encurva, desgasta desgosto

Estirpe

Índios americanos
sempre souberam:
da assimétrica junção
de uma mulher e um cão

— *certainly* de caça ao deleite,
que a cada ereção dos seus descendentes
dentes em riste persiste e promete
apócrifo céu suculento —

o primeiro homem nasceu

Respingos dele — respingos
me irrigam

— Não sei por que
com tão vasta sede
deserto tamanho cultivo

"Não sei por que
gosto tanto de areia", ele disse
com voz onde água escondida

Não sei por que gosto tanto
de qualquer coisa que ele diga

Epífita

Se em meio a desértica Ontologia, o professor de Filosofia
diz "Se, por exemplo, digo que a flor é roxa...",

ôntica aluna
aproveita
espreita

o nicho roxo no ar

a arbitrária
e epifenomênica
roxidão do abstrato exemplar

Utensílios

Para extrair
do alumínio seu lúmen
usaria

o desusado, exaurido
verbo "haurir"

Arearia

panelas
à beira de um rio, mergulhada

no alumínio luzidio

— "haurindo-o" —
polindo-lhe

a índole de água

e o ímpeto de prata
com grãos
de ouro de areia
arearia

"ourada"

submersa em seu domínio

Vasta via

I
Salvou-se via palavra
abelha que não matei:
ao meu lado na praia
alguém lia
The life of the bee

II
Sendo a magnésia
um componente estelar,
e nós humanos
feitos de massa estelar,
via químico-cósmica
além da verbal foi gerado
o gosto de leite de magnésia
que ao ver
a Via Láctea
no céu da boca senti

Ordenha

Ó lauta lua
vacum que um

onomatômano ordenha
murmurando *moon*

O látex que segregas,

lunáticos brancusianos
mulheres inseminadas
cândidos psicopatas
vira-latas que seus ossos
desenterram

empregam,
ó *moon*

Transporte para "nunca"

À meia-noite
abrir a geladeira
e dentro ver
abóbora conduz
à não-carruagem
de Borralheiras que nunca
out-espelunca

✹

Nunca comi
no bar em Madri *Hemingway nunca
comeu aqui*

✹

Não posso
matar minha fome, não posso
fritar os ovos: os pintinhos
nasceram!

Grandezas

*Duas possibilidades: fazer-se, ou ser infinitamente
pequeno. A segunda hipótese equivale a um resultado
definido, ou seja, à inação; a primeira, sendo apenas
um começo, à liberdade de ação.*
                                       Franz Kafka

"Meu caralho é grande" grafitado no muro,
se "Meu grande caralho" fosse,
mais grandeza e graça granjearia?

"Mãe, só uma formiguinha
sai de uma jaula", o filho lhe disse
e nesse dia o seu alento
— pingo do i aqui em "caqui" —
potente semente tornou-se

Em *another* —, anotar
"gordo *de bigodinho*"
reduziu sua raiva do motorista mesquinho

Instada pelo imenso
senso do pequeno que assalta
a maternidade, frequenta
os diminutivos,
boppianiza-se

(Era um recém-nascido
dotado
de corpanzil, o Brasil
dos modernistas
— esse —
enlanguescedor da boca de Bopp)

— *ABRE-TE,* ROSEBUD!

Tesouro
(A Ivan Marquetti)

Embaixo de árvore ao sol,
no colo *amoenus* desloco
um livro que as sombras das folhas
anseiam
ensaiam ilustrar

É de Saussure

"Trata-se de
um tesouro",
ele diz sobre a Língua,

e sublinho
as palavras <u>um tesouro</u>

remissíveis a amigo desejoso de achar

"qualquer bobagem", qualquer
coisa que seja
seja lá o que for,
"contanto que um
tesouro"

Branco

Branco que te ouço   branco-silencioso
no mais intocado lugar do fim gelado do mundo
onde nenhum pombo branco na neve nunca ecoou

Corpos simultâneos de cisne

Branco ideal e branco real
o mesmo cisne no espaço
de um saco de sal

ocupam
mas eis
transmigrante

lei que em mantimentos transfez
obsoleta
ampulheta: um cisne de sal

segue o curso
do tempo

e míngua

até ser
somente

de plástico transparente

Bandeira eviscerada

Soldada ao céu ao sol ao mato,
bandeira no morro implantada
pelos cultores de símbolos pátrios

superexpõe os órgãos cromáticos,
entreabrindo híbrida hiper-
cartilha redundante

pela própria reflexa natureza
de Narcisa que se auto-
autopsia e

fora de si —
exorbitante antipalmeira de Stevens
em não sei que

parte da mente de quem a veja
— lição de pano daninha —
eviscerada viceja

Neves de verão

I
("F" FOR FLOCOS)

Falsos flocos de neve
em árvores e arbóreos
pulmões de pessoas
a fábrica de algodão do subúrbio
degringolada grudou

II
(NEVE SOBRE PAPEL)

Et je connais la neige,
Autant que ma chair même,
Son froment me protège
Contre les chairs que j'aime...
Jules Laforgue

Na loja quente da cidade quente,
atrás
de uma xerox acionada
por suadíssimo rapaz,

verás
parede que copia o frio,
cheia de chalés suíços
em chão de neve sobre papel

— Neve de calendário no Brasil,
que além de sorvete
de coco ao céu
da boca de quem resfrie o olhar,

a própria Distância promete
a quem a mira e cobiça
morrer, cobrir-se com ela
como galhos, pedras, telhados

Alhures allures

Talvez pertença a um mordomo inglês
a cara que esse antigo aquecedor a gás te fez

Maybe esquiva faísca
de alma externa em degredo

mais que fugaz morto-vivo
modo do Mesmo

Air *de Nair*

Meu *ar*, teu *ar*,

it que Giacometti esculpiu,
que Barthes
buscando-o de sua mãe
viu numa foto entre mil,

onde fora de nós andará?

O *ar*, o *air*, o *ir* de Nair,
certo formato
de sapato de mulher,
melhor que fotografia
de cor o copia

— *Abre-te,* rosebud*!*

Se puríssimo acaso cava
em não-tempo o campo onde desabrochas,

com que olhar te colher
de novo
— coisa-*rosebud* —
à flor
da tua figura de coisa qualquer?

Alcance
(POTÊNCIA, QUILATE, ESPÓLIO)

✳

Midas realmente potente, Midas não-paralisante,
o sol
vara saia amarela
e publica
de carne de ouro pernas passantes

✳

Aurífaga flor amarela
fundida a aurífero sol
aquilata-se

✳

Árvore de flor
amarela, sua pele
de pétala caída

— sombra amarela estendida —

havia quando não mais sol havia

ALGO ÁGRAFO

Fomos concebidos para viver no Paraíso, assim como o Paraíso foi criado para acolher-nos. Nosso destino foi grandemente alterado, mas nada nos garante que o mesmo tenha ocorrido com o Paraíso.
  Franz Kafka (*Contos, fábulas e aforismos*)

Somente através de um treinamento mental (ou autodisciplina, shuyo*) pode um homem ou mulher adquirir o poder de (...) "alcançar o gosto" da vida. (...) Shuyo, na expressão que tão amiúde utilizam, faz desaparecer "a ferrugem do corpo". Torna o homem uma espada afiada e brilhante, exatamente, sem dúvida, o que ele pretende ser.*
  Ruth Benedict (*O crisântemo e a espada*)

...assim como uma faca
que sem bolso ou bainha
se transformasse em parte
de vossa anatomia...
  João Cabral (*Uma faca só lâmina*)

O sol não é uma estrela

O sol,
ser fora-de-si que em laranjais
circula e se liquefaz,

seu cheiro de estrela no nosso
suor de animais
refaz, mas

o ☼ não é uma ✶, aliás

Estrelas são sóis
só em Van Gogh
— lá solamente

Distâncias não mensuráveis II

Grã-estrelas quebradiças
esfarelam-se na noite armazenária de um céu
com dobradiças

Muito e pouco
distam das estrelas
e da lua terra a terra de *strass*
que sobre a mesa de um camelô o sol mela

"A BBC sonhava com tudo o que eu — mas eu
só comigo sonhava!" gritou o Sousa pelo oniaudiente
megafone estrelado instalado em sua mente

Pela TV se vê
que para atrair os índios, um espelho
foi deixado brilhando no matagal

Mas quem afasta
verdes feixes de elétrons
e penetra no vibrante capinzal distante

— sou eu —

índio trânsfuga que acha
a trânsfuga estrela no chão

Molduras

sans mâts, sans mâts
S. Mallarmé

Sonhara ter,
refletida em explícitos espelhos,
vida burguesa
de pintura holandesa do século XVII

Tocou-lhe ser
simples Sísifa de si,
com rotina que ganhou, todavia, algum valor
quando perdida em frios dias de terror
como o *jóquei perdido* de Magritte se achou

Hoje palmeiras não mais a hasteiam
Resta o passeio guiado por certo sapato
de gáspea longa que cai como meia

Como um matiz num Matisse,
manter-se à superfície
é dom de jeunesse,
jamais de velhice,
turno de Turner
pendor invisibilizador

Relevos

(BROCHE)

A apreensão que a família cria
em broche de tripas transfaz seu coração

Com ele pregado arrasta-se ao supermercado

Envolto por molho molto carmim
no almoço devora-o disfarçado
em incicatrizado talharim

(GRAVURA)

Abelhas e outros insetos mordiam nos sobreviventes
do desastre aéreo os locais
por onde lágrimas escoassem e sangue coagulasse
exercendo-se assim
predileções gustativas bifurcadoras
do sofrimento em festim

Quiasmos

A Coney Island of the Mind
H. Miller/ L. Ferlinghetti

Na mente de alguém se detém
um pombo de carne e osso pousando
em pétrea cabeça de anjo

e homens
em homenagem à morte comendo
crânios de açúcar-candy

Uma Coney Island, uma Cascadura, uma
Cascamole da mente

— a própria mente —

invaginário lugar
onde é possível lembrar que se esqueceu de tudo

— na mente de alguém
canibalescamente se detém

Pó

A falta da empregada ausente
não entra por um ser-
de-serviço
mas por esse mesmíssimo que a tudo faz frente;
entupindo nervos
de dona de casa onde Dona Entropia
um satanás do caos
em mordaz torneira entroniza
montado tocando
corneta contumaz

Ó liça enfermiça, quão
persecutoriamente
enguiça *Oh tempora! ó*
prodoxo-heterolixo pó

Tanto prova final de barroco
horror vacui da Terra quanto
de amor redutor

Tecidos

Trepadeira fabricante de buchas para o banho
cobre muro nu de colégio de freiras

Farrapos de nuvem
vestem céu azul-nu

É a pele dele — e não
uma camisa (azul) —
essa persona de força indivisa que o analista utiliza?

(Devo desgrudá-la para vê-lo
em carne viva)

Claro que os piores fantasmas
não vestem cabides no escuro:
sem hábitos extraordinários
enfuna-os sobretudo o Banal

— a canícula que se instala
e instila
acídia insidiosa quando puro
ácido sulfúrico
nutre as nuvens de Vênus
e o clorídrico assola
teu ânimo desfalecido entre as almofadas da sala

enquanto a alma externa
definha enferrujada
lançada por algum feitiço
ao lixo numa lata de sardinha

O casaco encantado

O muro do cemitério
mostrou-se encantadoramente adornado
com o anúncio da peça
O casaco encantado

*

Despido como um cachorro enroupado,
um esqueleto usava ainda
a sunga anos antes vestida na carne em viagem

— Vermelha, vívida peça
que alguém sussurrou ser
"de ótima qualidade" — de grande
durabilidade

*

Em câmera lenta
certa mulher,
rumando para seu self-céu,
despiu também fantasia que envolvia
vestido cinza-tempo e batom
com tom resistente à cor-
de-face-que-se-esvai

(Exausta do velho rosto,
caber-lhe-ia o conforto
de um caixão fechado?)

Y

Deveras cicatrizante
a meta da hera
em paradoxal
sutura da árvore mutilada
com simiesco
novelo verde-olvido
que ao estado de tronco cortado
acaba
por contrapropor ponto a ponto
o de grande muleta aspirante
a estilingue gigante

Brinde

Afável multicombustível
para o motor da vontade de contumazes
montanhas informes mover

— café coffee Kaffee —
nocticolor
pó pró-vir-a-ser que infunde
élan da manhã
gerado no alvor do arbusto em flor

escoando em contínuo

brinde futurista
ao Movimento que nos faz
cultura & cultura acasaladas
farejar no seu odor

Render

"Toda substância suscetível de dar
um fio pode dar
um tecido" no Lello Universal e no quintal
de mulher braçal que sempre
rentavelmente tece o que lhe acontece

Leite tem lá
todos os faturáveis futuros;
porco, além de fadado a banha e torresmo,
a transcendência do sabão alcançará

Ela soma
a cada sombra de mangueira
tina de tambor de gasolina
e neta lavadeira esfarrapada a quem rediz
que remendado seu pano durará um ano
e reremendado,
um mês

Com tal talento, algum antípoda
(crente em ganhos da mente)
a seu talante faria
assim render
o próprio ser?

Talvez,
unless o desalentasse,
na natureza dessa empresa,
o estado de sítio vital

o interior feito tear
onde tempo-feitor fazendário
seu tecido de menos-valia urdiria

Sal de si

De como se faça o que se faz,
sai
o sal de si

Mina de *how*
mana daí
— convoluta
e muda —

em meio a mui banais
campos de batalha

a grã graça
de que é capaz o que se faz

— Intra-aurora transversal
Alvorada proclamada na coluna transreal

Água de "igual"

Azul
a mais ou a menos
o do pássaro azul quando o céu
o invisibiliza?

Igual
a garça a carvão
grafada em branca parede de Alcântara

Igual

a 22 - 11
que a 33 - 22 é igual

à palavra
"igual"

gravada num espelho mergulhado
no fundo de um riacho de cristal

Algo ágrafo

Girassóis entreatritados para extração dos grãos

Arcaica rede de caça às borboletas
por semelhança salvando-lhes as silhuetas

Brinco de ouro em forma de orelha

Cinza que só a sopro
sai sem sujar o sofá

Autoenlaces dos quais
algo ágrafo nasce

Compasso-corpo

Como o compasso-corpo de um camelô que na praça
traça círculos de carne em torno de si,

ou curva tesoura
para poda curvilínea de jardim japonês,

é e não
da ordem do Corpo

esse Midas fugaz que em nós
mesmos nos muda

Um modo
de estar no instante o propicia

Um uno e elástico
modo que ao milímodo mundo se alia

Revisão do Paraíso

Avança, onda de élan,
e em redonda manhã
— de hora qual régia-
vitória — redunda

Daqui deste ponto
de ser à altura
de *ser* (sem ser preciso
ingerir *a* ou *b*),

ao melhor ânimo
eleva-se o milímodo mundo
E nunca mais
tuas Índias roerás,

nem terá vez prostrar-te — refém
do além — a ziguezagueante
procrastinação do teu
atávico português

Ágil alma
de reto monge
em ti *now* age

Existindo gesto a gesto,
um paraíso volitivo
(um paraíso intransitivo)
tanto difícil quanto singelo
(tanto fictício quanto introverso?)

do céu da boca à planta dos pés,
a cada instante
à flor do instante cultivarás

A CADA INSTANTE

A cada instante, Amor, a cada instante
        Cláudio Manuel da Costa (*Soneto XLV*)

Os habitantes reúnem-se em torno de uma fogueira
que arde dia e noite
        Lévi-Strauss (*Tristes trópicos*)

Instante

Instante gigante,
instante espaço do instante
onde ilocável fonte fornece
rara água erradia
tão rala que o coração
bebe de quatro
nu como um cavalo

Afago

Pensar nele é como chuva do deserto,
caindo sem que um pingo
atinja a areia

Afago a longa distância
com a mesma escassa esperança
de carícia em casco de tartaruga

Cerâmica

Chegando em certo bar Universo
plantei-me de olhos parados
à espera de um café
que embora sol fugaz
fosse talvez capaz
de aquela paz
enlameada
aquela minha
paz fugaz
cerâmica tornar

Pingos

Não chora embaixo do chuveiro,
debulha-se em pingos

No gaio dilúvio
dilui outra água

Consola de soslaio
legar
ao útil o desagradável

Do banho blefe
oblíquo ganho
quase flui

Enseada

Névoa que ao invés de banhistas
ao longe pincela
índios pós-cabralinos,

desvela tela azul
oval de Leandro Joaquim onde baleias
em bando pela baía

seus chafarizes passeiam ejaculando

a esmo extinta beleza

gag da água

humor de algum prototípico
hidráulico Tati

Sucção

A bomba de sucção "Bembem" quando batizada
sugou também algo do pai,
Francisco Bembem — macaqueador
da pândega disposição
do Inventor ao conceber
mães aleitando
bebês cujo choro
aos mui mamíferos gatos e baleias
Ele doou — Ele ou
untuoso
sósia glutão que em meu sonho
manteiga num sonho dourado
passava persuadindo-me a morrer

Proscrição

Tantálica fome de sentido
converte o visível em mar inavegável,
crustácea palavra impronunciável
embaraçada nas barbatanas
do céu da boca de uma baleia

Bancos do branco
— nuvens espuma velame —
só guaches aguardam,
acolhem só
olhos, óleos, audaz
pincel capaz

de singrar imagem que diz
um Dufy já aqui subjaz

Feche-se, pois, a janela
de maneira a proscrever, velar a desfraldada
tarde marinheira

A bordo da chuva

I

Que falta de um fogo fiel
a chuva acende
— Me aquece, falta em forma
de úmida chama
Faz com que não me esqueça
esse que um Saara de mim separa

II

Tomando chá finjo provar a China
Árvores na neblina esboçam a China

III
Só o tempo é culpado
se alguém arrazoado
amanheceu cortado por um regato sem placidez

Chuvas comovem
o globo terrestre
e o que solúvel for em seu plúmbeo humor

Nalguma estrada indiana amolecida,
um passeio de elefantes
deixará depressões imprimidas

Na Ilha de Páscoa enchem-se de água
as órbitas de pedra dos olhos dos gigantes

IV

— Água —
igual, algures, a cão hidrófobo,

embora um homem ilhado murmure

A água é uma coisa amorosa,
eu gosto de ver ela correr

— alisando-a como se fosse
cadela peluda ou puro-
-sangue de estimação

V

Chove há mil e um dias
Soa longínqua
como a obsolescência dos alaúdes
a elegia
dos barcos na baía

(Barcos ancorados na chuva
de tão estoicos o teu olhar
desviam)

Ao largo, na lama, a alma
bordeja e sulca seu anagrama

O amor é tão esguio
[1979]

A Cildo

Viviam dentro

Viviam dentro da casa da fazenda abandonada
ossos de um boi que ignorava
haver abrir para invadir e abrir para fugir

Há abrir e há abrir mas o Amor é tão esguio —
ele consegue passar
pelo mais ínfimo olhar

Olhava

Olhava

pra colcha da cama

quando o inopinado Amor

fez de uma cor felpuda
o seu agente alentador,

a fugaz boca de pelúcia
que onde eu sofria me beijou

O elevador estampado

A gordura dela piscou pra mim
O elevador foi descendo, dilatando
o tempo e as papoulas
do seu vestido

cresceram brilharam
tingiram o ar

Pedi-lhe desculpa, ouvi
que "braço de flor
não bate em ninguém"

Claro que a tal altura
da sua fala saltou
uma borboleta —

e nós duas saímos voando
do mais opiáceo edifício
da rua Buenos Aires

A leiteira

Banhou-se de luz
de ouro de Vermeer
a infinda vontade de ver de verdade

A crosta do pão é de ouro
A palha do cesto é de ouro

O barro da jarra é de ouro

O tempo
        é um leite de ouro
fulgindo
        ao alcance da mão

Há um dia há um céu

Há um dia há um céu
há um tempo de rosas

na meteorologia
do dicionário

E uma árvore-da-vida
e uma árvore-da-morte

numa folha, uma só folha,
do pomar do dicionário

Sabem ser
          sumários
estes mostruários
alfabetários

Duas cores tinha "O Globo" em 26/9/76

MÁXIMO BRANCO

dos mínimos besouros
que vieram da África pro Rio em navios
transportando cereais

e invadiram primeiro
"a orla marítima com preferência
pelos prédios de cor branca"

MÍNIMO VERMELHO

de quando o avião

sobrevoava a aldeia
e lá de cima o seu irmão

viu todos os índios
parados e nus

mas ela acenando vestida
com o mesmo vestido vermelho

"um pouco abaixo do joelho"

que usava no dia do rapto
dez anos antes

Pisando na rua Bambina

Pisando
na rua Bambina
leio a bela tabuleta
de uma Loja do Sabão

e entre ela e meu olhar
sustém-se um *dolce*
escorregão

Bambeia a Bambina
bambina a menina,
menina cuidado —
choveu a bambão

Tal qual
"Qual é o cão
tal é o dono"

patina na rua Bambina
a Lógica do Sabão:

não compro pão
gilete e jornal

compro jornal
gilete e pão
para aplicar ao seco trio
a Lógica do Sabão

Entrando em casa

Entrando em casa de cara trancada
abro a janela e vejo na fronde
da árvore em frente

um asilado

saquinho de "Tender Leaf"

pendendo e me pedindo

tão insinuantemente que sorrio
monalisticamente

Das árvores que as marés marinham

Das árvores que as marés marinham
         banhando
         de crostas de ostras

pendem galhos sobrecarregados
              de frutos
          transliterados

Galhos que os índios de outrora
cortavam para degustar

mas eu recorto para desfrutar
seus frutos frutos do mar —

Ah ver o mar

Ah ver o mar na TV colorida!

Duas mulheres
lutando no meio da espuma

e a loura não mata a morena
pintou
       uma ruiva que aparta

Num tempo em que os dinossauros
de novo dominam a Terra
      — ó mar que se mira
          na TV a cores —

tuas ondas se espraiam
em meus velhos
      velhos olhos trogloditas

Espuma

Espuma
espessa espuma

atrás
do pulo-pluma

de um pombo que passeia
no creme de areia

O luar

O luar
perambulou pelo pomar,
devaneou pelo jardim e divagando casa adentro
casou jambo com jasmim

Entrelaçou
os sedosos fins e sins
que serpenteiam nos cheiros
de jambo e jasmim

Descongelou as luas cheias de jajá
que se alojam nos jotas
de jambo e jasmim

Não quis ficar
de papo pro ar

De certa classe de lembrança

De certa classe de lembrança
a noite extrai
o longo olor do som de *Bloomy*

Ao som de *Bloomy* liquefaz-se
o ouro incluso em seu volume

Ao som de *Bloomy* eu vou singrar
uma lagoa dourada engolfada no ar

Mas as velas de *Bloomy*
enfunam-se enfunam-se —

enfunam-se enfunam-se

e bluft
       Bloomy

afunda em mim

Pátria-língua

Enlanguescível tarde do Brasil
Lascivos doces antigos,
ligas de gula e fastio

*

Gosto tardio
de alguém que ainda
engole
esse lundu aglutinado na maria-mole

*

Não mordo
um pé de moleque
sem triturar na pátria-língua
alguma rua
incrustada de acidentes...
concretamente dedicada
a comprovar
de quantos nomes se servem seus dentes

Eu desejava

Eu desejava acordar cisne
amanhecer sarada — e portanto intentei

conjurar a feiura fazendo a leitura
de uma dezena de contos de fadas

Achei
que da Bela Adormecida,
da mais encantada beberam
Borges e Buñuel

Medos secretos
aos montes medrando

achei que nobre ou plebeu

qualquer mortal padece
o desconforto da ervilha sob a pilha de colchões

E achando mundos e fundos
achei-me entregue
aos contos de nada
ao de um monge —
iluminado quando um dia
ouviu seu açougueiro responder a um freguês

No meu açougue TUDO *é 'o melhor'*
Não há aqui nem um pedaço de carne
que não seja 'o melhor pedaço'

Ó *dia verde*

Ó dia verde
        chuvoso —
Ó dia verde —
        verde-vickvaporoso

Um colibri lacrimejando diamantes
distribui Realidade — este instante gigante

Notas da autora

LABOR DE SONDAR [2021]

Dentre os 21 poemas de *Labor de sondar*, foram antes avulsamente publicados:

"Distâncias não mensuráveis I": *Almanaque Biotônico Vitalidade*, Nuvem Cigana Empreendimentos, 1977;

"Ar do tempo" [com título "Sursis"] e "Flash forward": *Modo de usar & Co. 4* curadoria de Ricardo Domeneck, setembro de 2013;

"Distâncias não mensuráveis III" [com título "Vias Lácteas"] e "Folheando o sono" [com título "Sono, sonho, pesadelo, muros"]: *Grampo Canoa 4*, Luna Parque Edições, janeiro de 2018;

"Espelho nosso" [aqui ampliado]: *Revista Peixe-Boi*, curadoria de Ricardo Domeneck, Edições Jabuticaba, 2021;

"Está falando comigo?", "Farsante", "Contigo não falo" e "Interpretando um sonho": Fingimento, Seção de poemas inéditos, curadoria de Heloísa Jahn, *Revista Pessoa*, 18 de agosto de 2017;

"Vida auditiva" e "Árvores de Natal no escuro": "Os fins e os começos: poetas nascidos e estreados na saudosa Nova República para o futuro ving'ouro"; curadoria de Ricardo Domeneck, *Modo de usar & co.*, revistamododeusar.blogspot.com, 29 de novembro de 2017;

"Fellini e a aura ruante": Série de inéditos na Modo de Usar & Co., curadoria de Ricardo Domeneck, revistamododeusar.blogspot.com, 19 de julho de 2013;

"Soprando um Burano": Escolhas afectivas, curadoria de Aníbal Cristobo asescolhasafectivas.blogspot.com, 23 de agosto de 2006;

"*Surprise! Surprise!*": Lado 7 nº 2, 7letras, outubro de 2011.

Nas fotos de "Distâncias não mensuráveis I", é Marcos Duprat quem aparece junto à autora quando jovem.

QUERIDA HOLANDESA DE VERMEER [2020]

Nasceu do pedido da Luna Parque de ser plaquete tendo na capa alguma imagem pictórica anterior ao século XX escolhida pela autora.

GABINETE DE CURIOSIDADES [2016]

Em "Onde no mundo" respondi com "bordado" a uma ideia de Augusto Massi, por ele batizada "Gabinete de curiosi-

dades", para a série de livros "em dupla" da Luna Parque: "revirar nossas caixas de ferramentas" inventando "uma micropoética" imaginada "graficamente (...) como catálogo antigo, reproduzindo (...) parafusos, porcas, argolas, correntes (...). Todos em diálogo com os grandes temas..."*
Ideia admiravelmente desenvolvida por ele (e a Luna Parque) em nosso *Gabinete de curiosidades*.

Através de *Pontos e bordados: escritores de história e política*, de José Murilo de Carvalho (UFMG, 1998), eu soube da existência dos bordados do "Marechal Negro".

A *Enciclopédia do bordado*, de Helen Winthorpe Kendrick (*Ambientes e Costumes*, trad. Sonia Bidutte, 2014), foi importante fonte de informações para "Onde no mundo".

ONDE O CÉU DESCASCA [2011]

"De volta à Terra": citação inicial: fala de astronauta recém-saído da nave, em entrevista para canal de TV a cabo.

"Onde o céu descasca": publicado pelo site *Aerogramas/ Éditas e Inéditas,* Editora Aeroplano, 2004.

"Vista para chafarizes": "The imperfect is our paradise": Wallace Stevens em "The poems of our climate", tradução de Paulo Henriques Britto in *Poemas*, Wallace Stevens, Companhia das Letras, 1987.

* Vide entrevista com Lu Menezes e Augusto Massi, realizada por Masé Lemos, publicada na revista *Alēre* 14 (2), jul. 2016-fev. 2017.

"Um Rio luso-holandês": os painéis de Nilton Bravo em interiores comerciais são um patrimônio pictórico do Rio de Janeiro.

"Massa estelar": "Somos feitos de massa estelar", Carl Sagan.

"Tsunami e vizinhança": 1ª publicação no blog de poesia As escolhas afectivas, em 26 de agosto de 2006.

"Destinos": Curtis Ebbesmeyer e seu par, Charles Moore, estudam o comportamento das correntes oceânicas através dos percursos dos destroços marítimos, e os danos ambientais que estes provocam. "The First Years Inc.": prestigiosa firma de produtos para a primeira infância, fundada em 1949 em Roxbury, Massachussets.

"Partida": 1ª publicação na revista de poesia *Inimigo Rumor 3*, Rio de Janeiro, Sette Letras, dezembro de 1997.

"Ilhas, ilhéus, nomes": citação: Thomas Ewbank, *A vida no Brasil*; Belo Horizonte/São Paulo, Ed. Itatiaia/Edusp, 1976.

"Monumento na névoa": publicado na página Risco de Carlito Azevedo no "Prosa & Verso", *O Globo*, junho de 2010.

"Brilho de almas": primeira publicação com o título "Scintilla anima" na revista eletrônica *Farnel*, em 2006.

"Tombamento da noite": publicado na *Inimigo Rumor* 15, da 7Letras, Cotovia, Angelus Novus, Cosac & Naify, 2º semestre de 2003. Versão atual alterada.

"Luzes ao longe": primeira publicação (c/título "Por um vidro de Claude") na *Inimigo Rumor* 14, 1º semestre de 2003. Escrito após a invasão do Iraque e after *Desvio para o vermelho* de Cildo Meireles. Versão atual alterada. Obs.: o verso de Mallarmé, em "Au seul souci de voyager" é, como sabemos, "nuit, désespoir et pierrerie".

"Lugar": "Fato puro e conto de fadas", no filme *I.A., Inteligência Artificial* (com roteiro baseado em conto de Brian Aldiss, projetado por Kubrick e realizado por Spielberg), é a escolha do menino-androide David entre as opções oferecidas pelo oráculo Dr. Know.

"Linguagem de fadas": vide nota de Martin Gardner referente ao sonho de Tennyson em *Alice*, edição comentada da Jorge Zahar Editor, 2002.

"Nuance entre lilases": primeira publicação c/ título "Nuance" em 2004 no site *Aerograma/Éditas e Inéditas,* Editora Aeroplano. A citação parafraseia trecho do bilhete de suicídio de Vatel. Versão atual bastante alterada.

"Mil vivas à voz": publicado na *Inimigo Rumor* 5, 7Letras, agosto/dezembro de 1998. Citação: Honoré de Balzac, *Eugénie Grandet.*

"Sine qua non": primeira publicação, c/ título "Sem dispor de subfala", em "A lírica da chama" (poemas sobre a vulva), "Mais!"; *Folha de S.Paulo,* 20 de julho de 1997.

"Espécies de sombra": "... ao largo de alma": Maria Ângela Alvim (1926-1959); "... isenta, fiel": Cecília Meireles (1901-1964).

"Cola com anticolas": 1ª anticola: sequência performática de Lenora de Barros, *Homenagem a George Segal;* 2ª anticola: curta metragem de Chantal Akerman, *Saute ma ville;* 3ª anticola: *Desvio* para o *vermelho*, instalação de Cildo Meireles.

"Espigas gigantes": primeira publicação c/ título "Atrito" em *Poesia Sempre*, Ano 7, n. 10. Rio de Janeiro, Biblioteca Nacional, MinC, DNL, abril de 1999, p. 238. Versão atual bastante alterada.

"A coisa em *loop*": citação sobre sorvete: Helena Morley em *Minha vida de menina*; sobre ventilador: inventor do séc. XIX em relatório de pedido de patente no acervo do Arquivo Nacional.

"Figos nos bolsos": alusão ao texto de Walter Benjamin "Comer figos frescos" in *Rua de mão única* vol. II, Editora Brasiliense, 5. ed., 1995, p. 213.

"Seios feios": "na calma areia da página": Michel Foucault, *Isto não é um cachimbo*, trad. Jorge Coli, Rio, Paz e Terra, 1988, p. 33.

"Faro para diamantes": primeira publicação c/ título "Formigas em 2001" na *Inimigo Rumor* 10, 7 Letras, maio/novembro de 2001.

"Como casa japonesa": publicado na revista eletrônica *Farnel*, 2006.

"Escafandro para Narciso": 1ª publicação no "Mais!" da *Folha de S.Paulo*, em 5 de janeiro de 2003. Citações:

E. Kant, *Critique de la faculté de juger*, trad. A. Philonenko, Paris: L. P. J. Vrin, 1989, p. 115 (tradução livre da autora); William Carlos Williams, "O duro cerne da beleza" ("The hard core of beauty") em *Poemas*, tradução de José Paulo Paes. São Paulo: Companhia das Letras, 1987, p. 183.

"Uma nova beleza" publicado na página RISCO de Carlito Azevedo, "Prosa & Verso", *O Globo*, junho de 2010. "Magnífica desolação" — resumiu o astronauta americano Buzz Aldrin, tripulante da Apollo 11, ao pisar no solo lunar em 20 de julho de 1969.

A citação de Ludwig Wittgenstein foi extraída de *Anotações sobre as cores*, tradução de Filipe Nogueira e Maria João Freitas. Lisboa: Edições 70, 1987, p. 39.

— ABRE-TE, ROSEBUD! [1996]

Alguns dos poemas em — *Abre-te, rosebud!* foram (por vezes modificados) antes publicados nos seguintes veículos:

"Pingos" (como "Não choro") e "Corpos simultâneos de cisne": "Folhetim" n. 354 da *Folha de S.Paulo*, então editado por Rodrigo Naves, em 30 de outubro de 1983;

"Branco": revista *Cadernos do MAM* n.1, editada por Wilson Coutinho, em dezembro de 1983;

"A bordo da chuva": "Folhetim" n. 390 da *Folha de S.Paulo*, então editado por João Moura Jr., em 8 de julho de 1984;

"Epífita" (como "Flor exemplar"): revista *Novos Estudos Cebrap* n. 20, editada por Rodrigo Naves, em março de 1988;

"Língua" e "Utensílios": "Folhetim" n. 592 da *Folha de S. Paulo*, então editado por Bernardo Carvalho, em 20 de maio de 1988;

"*Air* de Nair": revista brasiliense *Bric a Brac* n. 3, editada, entre outros, por Luis Turiba, 1989;

"Afago" [como "Alcance"] e "Cerâmica": jornal carioca *Tráfico ótico* n. 1, editado, entre outros, por Frederico Gomes, na primavera de 1990.

"Molduras e relevos": "Caderno 2" (Especial/Domingo) de *O Estado de S. Paulo*, dedicado à "Poesia Brasileira Contemporânea", com edição de João Moura Jr., em 28 de maio de 1995;

"Ordenha", "Estirpe" e "Laranja, azuis e lilases": jornal *Rio Artes* n. 22, editado por Wilson Coutinho, em 1996.

Agradecimentos e dedicatória

Pelo apoio precioso em momentos distintos do meu percurso literário, muito obrigada a:

Augusto Massi, Carlito Azevedo, Cildo Meireles, Fabrício Marques, Flora Süssekind, Francisco Alvim, Gustavo Silveira Ribeiro, Heloisa B. de Hollanda, Italo Moriconi, João Moura Jr., Jorge Viveiros de Castro, Laura Erber, Leonardo Gandolfi, Marília Garcia, Patrícia Lavelle, Paula Glenadel, Pedro Meirelles, Ricardo Domeneck, Susana Scramin, Wilson Coutinho (*in memoriam*).

Grande obrigada à Luna Parque & Fósforo por estar no Círculo de Poemas com Labor de sondar *— que dedico a Benjamin, meu neto.*

POSFÁCIO

Questões de Eco

Comentário sobre a poesia de Lu Menezes*

Flora Süssekind

Uma definição de poesia contida em texto de juventude de Elizabeth Bishop sobre Gerard Manley Hopkins talvez possa ajudar a compreender o método poético de Lu Menezes. "A poesia considerada de modo bem simples", dizia Bishop, em 1934,** é "movimento: a liberação, a interrupção, a regulação e a repetição do movimento da mente". O poema como eco (no caso, da mente), o privilégio do elemento ativo, do movimento reflexivo: aspectos que, ao lado da intensificação de uma dinâmica especulativa engenhosa entre conceituação e figuração, semelhança e dissociação, reverberação e diferenciação, se transformariam, na poesia de Lu Menezes, em princípios básicos de composição.

A ênfase na compreensão do poema como reflexão-em--movimento, por parte de Elizabeth Bishop, dialoga, como

* Este texto retoma, em versão revista, artigo publicado no *Jornal do Brasil* em 15/3/1997 e palestra apresentada no VII Congresso da Associação de Estudos Brasileiros (BRASA), realizado na Pontifícia Universidade Católica do Rio de Janeiro em 2004.

** Elizabeth Bishop, "Gerard Manley Hopkins: Notes on Timing in His Poetry", *Vassar Review*, 23, fevereiro de 1934, pp. 5-7.

se sabe, com o ensaio "O Estilo Barroco na Prosa",* de Morris William Croll, estudioso da prosa europeia dos séculos XVI e XVII, e do ritmo e da métrica na poesia de língua inglesa. Neste e em outros estudos voltados para o mesmo objeto — a "prosa barroca" (de Michel de Montaigne, Francis Bacon, John Donne, Robert Burton, Thomas Browne, Blaise Pascal) — Croll procura descrevê-la como aquela que se ocupa dos "movimentos da mente", de um pensamento que se expõe "enquanto escreve". E na qual se privilegiariam as formas que, no calor da hora, "expressam a energia e o trabalho de mentes em busca da verdade", e não aquelas que se caracterizariam, ao contrário, pela adoção de modelos padronizados de acabamento e ordenação, ou por continuada autossatisfação com um domínio cognitivo aparentemente assegurado de antemão.

Croll expande, nesse sentido, tanto o "é a mim mesmo que pinto"**, do prólogo ao leitor com o qual Montaigne introduz seus ensaios, quanto o comentário de Pascal (por ele citado explicitamente em "O Estilo Barroco na Prosa") no qual se define a eloquência como "uma pintura do pensamento".*** Tomando essa definição como característica também de toda a prosa por ele classificada como barroca (pelo desdobramento da escrita em exposição do "ato mesmo de experimentar uma ideia"), absorvem-se, igual-

---

* WALLACE, John M., et al (Eds.). "The Baroque Style in Prose" (1929). *Style, Rhetoric, and Rhythm: Essays by Morris W. Croll (1872--1947)*, Princeton University Press, Princeton, New Jersey, 1966, pp. 207-34.

** Na tradução de Sérgio Milliet.

*** *Pensées diverses I* – Fragment n. 28 / 37: "L'éloquence est une peinture de la pensée. Et ainsi ceux qui, après avoir peint ajoutent encore, font un tableau au lieu d'un portrait".

mente, nessa expansão, algumas das oposições que sustentam a definição plástica pascaliana.

No fragmento referido, Pascal desenvolve um contraste, no âmbito da imagem do pensamento, entre duas formas de expressão pictórica: o retrato (que visaria basicamente à semelhança) e o quadro (no qual elementos composicionais seriam introduzidos obrigatoriamente com o objetivo de assegurar a sintonia do conjunto). No quadro, comentaria o pensador, se trataria sobretudo de harmonização, de apresentar "figuras justas", de construir simetria. Cabendo aí à perspectiva, diria ele, assinalar aquele "ponto indivisível" ("nem muito perto, nem muito longe, nem muito alto ou muito baixo") que seria o "lugar verdadeiro"* da experiência de observação do "quadro". Ao mesmo tempo, no entanto, Pascal se perguntaria o que, noutros âmbitos, como no da "verdade" e da "moral", poderia designar esse lugar?

O PARQUE DE DIVERSÕES DA MENTE

Essa questão, se transposta ao domínio da imaginação poética, ecoaria decisivamente tanto nas geografias de Elizabeth Bishop, quanto no projeto poético de Lu Menezes. No que diz respeito à poeta brasileira, isso se mostraria

---

* Fragment Vanité n. 9 / 38: "*Si on est trop jeune on ne juge pas bien, trop vieil de même. Si on n'y songe pas assez, si on y songe trop on s'entête et on s'en coiffe. // Si on considère son ouvrage incontinent après l'avoir fait, on en est encore tout prévenu, si trop longtemps après, on n'y entre plus. // Ainsi les tableaux vus de trop loin et de trop près. Et il n'y a qu'un point indivisible qui soit le véritable lieu. Les autres sont trop près, trop loin, trop haut ou trop bas. La perspective l'assigne dans l'art de la peinture. Mais dans la vérité et dans la morale, qui l'assignera ?*"

particularmente evidente em seu projeto de livro apresentado em 2002 para a Fundação Vitae, no qual se propunha, de um lado, a examinar relações diversas entre mente e lugar (lugar abstrato, impessoal, lugar pessoal, urbano, lugar tangível, físico, lugar da razão, da natureza, lugar complexo da linguagem) e, de outro lado, a explorar a ideia mesma da mente como lugar onde se realiza o processo imaginativo. Um projeto que se desdobraria em dois livros — *Onde o céu descasca** (2011) e *Onde no mundo*** (2016), mas que já se anunciara em — *Abre-te, rosebud!* (1996).

Basta lembrar, nesse sentido, de um poema como "Quiasmos"***, de — *Abre-te, rosebud!*, exercício reflexivo — via Lawrence Ferlinghetti e Henry Miller — voltado para a expressão "*A Coney Island of the Mind*" (empregada por ambos****) — que se estende, aí, em "Uma Coney Island, uma Cascadura, uma/ Cascamole da mente". E, ainda, na "própria mente" ou na "mente de alguém", onde se detém um pombo (pousado sobre pétrea cabeça de anjo), enquanto, "homens/em homenagem à morte" comem, por seu turno, "crânios de açúcar-candy".

Observe-se o poema:

---

* MENEZES, Lu. *Onde o céu descasca*. Rio de Janeiro: 7Letras, 2011.

** MENEZES, Lu. "Onde no mundo". In: MASSI, Augusto; MENEZES, Lu. *Gabinete de curiosidades*. São Paulo: Luna Parque, 2016, pp. 7-31.

*** MENEZES, Lu. — *Abre-te, rosebud!*, Rio de Janeiro, 7Letras, 1996, p. 49.

**** Trata-se aí de referência dupla — à coletânea de poemas *A Coney Island of the Mind* (1958), de Ferlinghetti, e ao texto *Into the Night Life*, de Henry Miller, incluído no livro *Black Spring*, originalmente intitulado *Self-Portrait* (Autorretrato), e escrito em Paris, em 1932 e 1933, utilizando elementos da escrita automática surrealista e os cadernos de sonhos mantidos pelo escritor. É de *Into the Night Life* que se extrai a expressão "Coney Island da mente", presente no seguinte trecho: "*everything is sordid, shoddy, thin as pasteboard. A Coney Island of the mind*".

Quiasmos
"A Coney Island of the Mind"
(H. Miller/L. Ferlinghetti)

Na mente de alguém se detém
um pombo de carne e osso pousando
em pétrea cabeça de anjo

e homens
em homenagem à morte comendo
crânios de açúcar-candy

Uma Coney Island, uma Cascadura, uma
Cascamole da mente

— a própria mente —

invaginário lugar
onde é possível lembrar que se esqueceu de tudo

— na mente de alguém
canibalescamente se detém

Com geografia metamórfica (Coney Island-Cascadura-Cascamole), e materialidade contrastiva (dura/mole; pedra/açúcar-candy; mente/crânio), contrapõem-se, então, movimento (comendo/pousando) e suspensão ("se detém"), fixação e devoração, memória e esquecimento. Ressaltando-se, simultaneamente, figuração recorrente da mente como lugar — por meio, por um lado, de espacialização a rigor irônico-derrisória (enquanto "parque de diversões", como o de Coney Island), e de uma estruturação paralelística (via repetição de "Na mente de alguém se detém"), entrecruzada, porém, por outro lado, por uma sucessão de efeitos antitéticos, e por inserção adverbial ("canibalescamente") que, ao final do poema, aponta para a sua epígrafe. E para os ecos diferenciais dessa interlocução de Lu Menezes com os textos de Ferlinghetti e Henry Miller. Para uma repetição que se expõe em breve abismo — visualizando-se a mente que, "na mente de alguém", se detém. E por meio da qual se revisita e complexifica (em eco triplo: Miller, Ferlinghetti, Lu Menezes) o *tópos* mesmo da "Coney Island da mente".

Voltando à "pintura do pensamento", à leitura de Morris Croll dos fragmentos pascalianos, na vizinhança do contraste que neles se define entre quadro e retrato, opõem-se, igualmente, na emergência da prosa barroca, formas distintas de escrita e argumentação. Ligadas ora a modelos oratórios, a modos mais protocolares de eloquência, a adestramento retórico-discursivo; ora, ao contrário, a processos reflexivos mais complexos, e todavia atentos à prosa do mundo, e avaliações que se formulam e reformulam ao longo desses processos.

Comentando a síntese crítica de Pascal sobre o "lugar verdadeiro" da observação, agora no que se refere às formas de expressão e ajuizamento ("A verdadeira eloquência zomba da eloquência, a verdadeira moral zomba da moral."*), Croll distinguiria, então, de um lado, as

---

* Cf. Géométrie-Finesse II n. 2 (Laf. 513-514 — Sel. 671). A respeito da noção de eloquência verdadeira em Pascal, veja-se, entre outras, a análise de Laurent Susini, "L'écriture de Pascal. La lumière et le feu. La vraie éloquence à l'œuvre dans les *Pensées*" (Paris, Champion, 2008). É possível consultar resumo do estudo em resenha publicada em "L'Information Grammaticale": Susini, Laurent. "La '*vraie éloquence*' à l'œuvre dans Les Pensées de Pascal". In: *L'Information Grammaticale*, n. 113, 2007. pp. 47-8.

formas discursivas que obedeceriam a um "estilo ciceroniano", e, de outro, as formas da prosa barroca. Isto é, de um lado, uma prosa que seria moldada pelos preceitos da oratória latina (em especial a de Cícero): elaboração, convenção, clareza, ênfase na auralidade. E, de outro, estaria aquela que, aos olhos de Pascal, seria a "verdadeira eloquência" — autoirônica, anticonvencional, pautada por estilo meditativo, cumulativo, e por liberdade rítmica que se desejava mais próxima à dos movimentos da mente. Seria esta segunda forma de escrita que Pascal associaria à "pintura do pensamento".

Pintura e não representação, como também ressaltaria a extensão argumentativa conferida por Elizabeth Bishop à reflexão de Morris Croll — passando do fragmento pascaliano, da analogia pictórica com os movimentos da mente, e do estilo meditativo seiscentista, para o campo da poesia. Ao associar a dinâmica (segundo Croll) da prosa barroca sobretudo aos processos de temporalização característicos à escrita de Gerard Manley Hopkins, e, alguns anos mais tarde, ao seu próprio método poético, Bishop sublinharia a importância de expor ritmicamente o "movimento de uma ideia" enquanto ainda em curso, dramatizando-se, assim, "a mente em ação" e não em repouso. E cabendo ao poema dimensionar-se com a complexidade, a vivacidade, as inconclusões presentes nesse processo.

Como incorporar a duração, e expor, em movimento, a experiência reflexiva?: é isso fundamentalmente o que Bishop parece investigar na obra de Hopkins, assim como nas de George Herbert e John Donne. Nesse sentido, não à toa ela destacaria, nesses métodos poéticos, o grau de variação rítmica, os contrapontos, as rimas internas, a calculada (mas imprevisível) heterogeneidade com que neles se desdobram associações e analogias.

Trata-se, nesses casos, de uma complexidade de estruturação (no entanto acoplada à dicção prosaica) que parece convidar necessariamente a movimentos de releitura, e a constantes adiamentos e reavaliações na atribuição de valor semântico às operações destacadas por Bishop. Sublinha-se, assim, o espelhamento dinâmico presente nesses processos de composição e leitura, tão impregnados de movimento — como observa a poeta em seu ensaio para a revista do Vassar College — quanto "as árvores pintadas por Van Gogh".

Na escrita poética de Lu Menezes essa dinâmica se manifesta tanto no plano prosódico e nos procedimentos associativos, movidos por intenso jogo entre duplicação e diferenciação, quanto num método imaginativo que é simultaneamente uma exposição-em-processo da emergência — inesperada (mas prosaica) — do poema, e uma analítica (em movimento) da imaginação poética.

REVERBERAÇÕES

O que chama a atenção, em primeiro lugar, no trabalho de Lu Menezes, é a construção reverberativa. A começar do plano rítmico-sonoro. E do privilégio, pela poeta, de um trabalho não convencional de definição da sonoridade do poema. Não com territorialidades pré-marcadas, mas configurada sobretudo em fluxo integrado à dinâmica meditativa, às linhas, estrofes, vocábulos, e apoiada, com frequência, em formas diversas, por vezes autoanulatórias, de eco. O que, se determinante num livro como — *Abre-te, rosebud!*, já se manifestava em *O Amor é tão esguio*, publicado com tiragem limitada (e projeto gráfico da poeta) em 1979.

Basta lembrarmos, no livro mais antigo, de um poema como "Espuma Espessa Espuma", breve registro dos movimentos de um pombo passeando na areia, com o mar quebrando em ondas ao fundo. E com um forçoso (e belíssimo) eco duplo — do *Nada, esta espuma, virgem verso* mallarmaico e das quatro pombas bandeirianas que, *entre a realidade e a imagem*, passeiam *no chão seco*.

O poema de Lu Menezes, do ponto de vista prosódico, se apoia nas tensões entre a reiteração consonantal do fonema oclusivo /p/ e uma sucessão de variações vocálicas (*espuma/espessa/passeia/pulo/pombo*), uma repetição diferencial que vai sugerindo figuração dúplice — tanto a quebra explosiva das ondas, quanto os micromovimentos da ave ciscando à beira-mar. A duplicidade da alusão (onda/ave) dissolvendo, aí, possível chave associativa unívoca, e não à toa finalizando-se o poema-paisagem não propriamente em explosão, em arrebentação, mas numa confluência repentina entre energia e repouso, num quadro "explosivo-fixo" — à maneira do comentário de André Breton sobre a beleza convulsiva em *L'Amour Fou.** À maneira, igualmente, do que se vê em outros poemas de Lu, marcados pela exposição de processos por vezes mínimos de diferenciação, pela captura de pequenas energias em movimento, pela produção de núcleos concisos — sonoros, semânticos, temáticos, figurais — e pautados por si-

---

* Cf. BRETON, André. *O Amor Louco* (1937). Lisboa: Editora Estampa, 2006: "*A beleza convulsiva será erótico-velada, explosivo-fixa, mágico-circunstancial ou não será*".

milaridades, que, no entanto, intensificam uma dinâmica de imprevistas distinções.

E é em retorno à espuma inicial que se encerra o breve registro poético de pombo e mar incluído no livro *O amor é tão esguio*. Com um movimento de espraiamento enfatizado pelo encontro vocálico que se repete em rima ativada nos dois últimos versos (passeia/areia) e, é claro, pela imagem mesma da areia como um vasto creme:

> Espuma
> espessa espuma
>
> atrás
> do pulo-pluma
>
> de um pombo que passeia
> no creme de areia

Pensando mais especificamente no livro seguinte, — *Abre-te, rosebud!*, de 1996, nele há ampla experimentação com a figuração sonora, emprestando-se aos poemas, no que diz respeito a uma virtual audibilidade, a projeção de tramas prosódicas diversas, a construção de forte complexidade fonográfica, mesmo quando considerados exclusivamente na página impressa.

Há, por exemplo, as cadeias de aliterações, por vezes pautadas em pequenas distinções — como no contraste entre fonemas velares surdos e sonoros, entre /k/s e /g/s, com o qual se conclui de modo gustativo-humorístico (entre o céu da boca e o céu cristão) a arrebatada degustação de doce português feito com massa de hóstia em "Enlevo do Guloso":

> Na abóbada palatal do guloso
> algo de gol
> ecoa através
> do travo de um gosto
> de uva cuja curva
> encurva, desgasta desgosto

Por vezes é via assonâncias que se produz um quadro figural no poema, como na sucessão de "as" e "is" (*afina-se, alvíssima, assoviando, finíssimo*) em "Língua", que, combinados aí a uma série sibilante (*passo/nosso/som/seda*), mimetizam com suave ironia — "Aquém/ de humana fala/ língua também/sola do pé é" — o som de passos na areia.

Noutros poemas, o que predomina, nesses jogos sonoros, é o espelhamento vocabular — palavras inteiras reduplicadas ou que parecem se desdobrar em outras assemelhadas. Há muitas homofonias — como as de "Sucção", onde há o sonho propriamente dito e o doce que tem nome idêntico, assim como há a marca e o nome próprio "Bembem".

Há, ainda, as aproximações de palavras de línguas diversas por vezes intercambiáveis (como no verso "café, coffee Kaffee" de "Brinde"), por vezes próximas apenas do ponto de vista sonoro (como no "*unless* o desalentasse" de "Render", ou no "Em *another* — anotar" de "Grandezas"). A elas se acrescenta a expansão da repetição vocabular por meio do uso de pedaços de falas alheias (como se vê em "Tesouro", "Grandezas", "Estirpe", "Epífita") e de outros ecos intertextuais diversos — o jornal em "Mínimo Vermelho", William Carlos Williams em "Escafandro para Narciso", Wallace Stevens em "Bandeira Eviscerada", em "Bandeiras" e "Ao Vento" (de *Onde o céu descasca*),

Mallarmé em tantos textos, como "Brinde", "Proscrição", "Luzes ao longe", ou na pequena ária a Nair.

As repetições vocabulares ou de trechos de textos e falas não apontam, evidentemente, em direção única. Pensando num poema como "Utensílios", por exemplo, privilegiam-se, por vezes, vocábulos que se acham etimologicamente ligados (areia/ arearia; usaria/ desusado), mas nem sempre é assim que os núcleos ecoicos se produzem — como se observa no jogo sonoro entre "polindo" e "índole". Além dos contrastes entre essas similaridades de distinta extração, há, de modo mais amplo, no poema, uma construção prosódica por meio da qual os vocábulos parecem ecoar-se mutuamente (alumínio/ lúmen, exaurido/ haurir), aproveitando-se, no entanto, exatamente as semelhanças sonoras (ouro/ "ourada") para, ao final, de modo quase imperceptível, mas decisivo, mudar-se a direção do texto.

Passa-se, assim, no poema, da descrição de trabalho manual minucioso, atento, de limpar panelas à sugestão do alheamento de quem o faz, contrastando-se, para isso, um "ourar" que significa dar brilho, dourar, a um outro "ourar", com o sentido de entontecer, alucinar, alhear-se:

Utensílios

Para extrair
do alumínio seu lúmen
usaria

o desusado, exaurido
verbo "haurir"

Arearia

panelas
à beira de um rio, mergulhada

no alumínio luzidio

— haurindo-o —
polindo-lhe

a índole de água
e o ímpeto de prata
com grãos
de ouro de areia
arearia

"ourada"

submersa em seu domínio

Mantendo ironia semelhante com relação a vocabulário poético luzidio (confrontado a gestos prosaicos), há, igualmente, reduplicações diferenciais em meio à repetição de palavra idêntica — *estrela* — em "Distâncias não mensuráveis II". Nesse caso, uma repetição em cadeia de um conjunto materialmente heterogêneo de estrelas, que vai das "grã-estrelas quebradiças" do céu ao espelho convertido em "trânsfuga estrela" achada no chão, e passando, ainda, pela estrela de *strass* da mesa de um camelô, pelos "verdes feixes" da imagem da TV e por um megafone estrelado (imaginado na mente de alguém chamado Sousa).

Distâncias não mensuráveis II

Grã-estrelas quebradiças
esfarelam-se na noite armazenária de um céu
com dobradiças

Muito e pouco
distam das estrelas
e da lua terra a terra de strass
que sobre a mesa de um camelô o sol mela

"A BBC sonhava com tudo o que eu — mas eu
só comigo sonhava!" gritou o Souza pelo oniaudiente
megafone estrelado instalado em sua mente

Pela TV se vê
que para atrair os índios, um espelho
foi deixado brilhando no matagal

Mas quem afasta
verdes feixes de elétrons
e penetra no vibrante capinzal distante

— sou eu —

índio trânsfuga que acha
a trânsfuga estrela no chão

Se a sequência de estrelas reforça, de um lado, a construção de um núcleo imagético marcado pela similaridade (no que se refere à emissão de luz), a indicação simultânea da distinta matéria (gasosa, vítrea, cinescópica) e da diversa escala (corpo celeste, bijuteria, espelho) que configura cada um dos corpos dessa constelação singular aponta, de outro lado, para o que, nesse campo, é contraste ou dissociação. A começar pela distância entre um corpo celeste e um espelho brilhante no chão. E entre alguém que vê um documentário pela TV e o índio que de fato se buscava atrair com a pseudoestrela jogada num capinzal. Não à toa abrindo-se espaço, assim, em meio a outra duplicação vocabular (a da expressão "trânsfuga"), para que, por meio dela, se produza um movimento de espelhamento (e virtual trânsito) entre o índio e o sujeito do poema, ambos atraídos para fora do seu campo cultural e identitário.

Comentando o método pictórico de Magritte, e seus "jogos infinitos de similitude", Foucault assinala, a certa altura, em *Isto não é um cachimbo*: "A semelhança comporta uma única asserção, sempre a mesma: isto, aquilo, aquilo ainda, é tal coisa. A similitude multiplica as afirmações diferentes que dançam juntas, apoiando-se e caindo umas em cima das outras".* Os ecos prosódico--imagéticos operados por Lu Menezes em seu método de escrita se desdobram, igualmente, "de pequenas diferenças em pequenas diferenças",** numa dinâmica de reverberação e diferenciação, espelhamento e distância, na qual os elementos dessas cadeias de reduplicação indicam não apenas similaridades mútuas, mas, simultaneamente, os hiatos que as instabilizam.

Em —*Abre-te*, rosebud!, há, nesse sentido, um poema — "Água de igual" — que tematiza precisamente a imagem da diferença que emerge da semelhança, do familiar, e no qual a distinção é flagrada no âmbito do "igual". Sur-

---

* FOUCAULT, Michel, *Isto não é um cachimbo*. São Paulo: Paz e Terra, 1988, pp. 63-4.
** Id. Ibid., p. 60.

ge aí um jogo de substituição entre as letras iniciais dos vocábulos do título e a semelhança sonora entre "água" e "igual" dão lugar a uma reflexão mais ampla sobre a ideia mesma de similaridade. O que inclui tanto um mesmo resultado ("onze") sinalizando, todavia, subtrações diversas (22-11=11, 33-22=11), quanto possíveis autoanulações imagéticas em enquadramentos visuais nos quais figura e fundo apresentem similaridades monocromáticas.

Como acontece — sugere-se em "Água de igual" — entre um pássaro (azul) e o céu (azul) em que ele se move, ou entre o desenho de uma garça (branca) e a parede (branca) em que ele se insere. Como acontece, aliás, no processo de emergência do poema — num "onde" ecoico que, entre similaridade, autoanulação e diferenciação, parece resistir, nesse trânsito, à própria (e todavia sensível) eclosão. Será esse "onde" ilocável, e no entanto lugar rítmico de significação e ajuizamento, o núcleo temático de *Onde o céu descasca*, coletânea de 2011.

E, em 2016, como já foi assinalado aqui, cumprirá função basilar também no pequeno livro *Onde no mundo*, "texto sobre bordado a ser tecido" no qual a "ideia-ônibus" da costura transita por linhas, pontos, rendas, agulhas, amostras. Desdobrando-se, do mesmo modo, em "assimétricas simetrias" e vizinhanças contrastivas várias — arames farpados, suturas, globos, paisagens — para, ao final, apontar no sentido do eco monocromático de possível lírio (branco) bordado malevichianamente em linho branco. E, assim, de volta ao começo, e ao ainda potencial texto-bordado, sinalizar simultaneamente tanto para a "página em branco" (e, em sua alvura, "a latência do futuro"), quanto para o poema como autoexposição de sua própria dinâmica especulativa.

CONTRA O DESERTO, O DESERTO

Aos ecos sonoros, acrescentam-se, pois, outras formas de reflexividade e reduplicação fundamentais aos processos de figuração/indeterminação/diferenciação e à afirmação de um modo irônico-meditativo na poesia de Lu Menezes. Não são apenas a qualidade tonal do eco (e a sua capacidade de sublinhar ao mesmo tempo — e paradoxalmente - similaridades e desvios, presença e semi-invisibilidade do sujeito do poema), ou a intensidade e as calculadas indeterminações ligadas a repetições e desdobramentos sonoros, o que parece determinar a adoção, pela poeta, de uma construção-em-eco.

O seu metódico desdobramento de determinada ideia/imagem numa profusão de outras com graus diversos de similaridade ou heterogeneidade entre si, expondo o que tangencia e o que diverge, parece operar à maneira das comparações no universo da poesia metafísica inglesa. Lembre-se, nesse sentido, do comentário de Helen Gardner sobre o jogo característico, nesse contexto, entre comparação e dissimilaridade: "Todas as comparações descobrem similaridade em coisas dissimilares. Uma comparação se torna um conceito quando somos levados a reconhecer semelhança ao mesmo tempo em que estamos intensamente conscientes da dissimilaridade".*

Em "Y", por exemplo, de — *Abre-te, rosebud!*, o jogo associativo-contrastivo orientaria uma reflexão simultânea sobre a forma desta letra e a dupla metamorfose

---

* GARDNER, Helen, *The Metaphysical Poets*, London: Oxford University Press, 1972, p. 19.

potencial de um tronco cortado de árvore em dois objetos análogos e dissimilares — uma "grande muleta" e um "estilingue gigante". Os desdobramentos imagéticos sublinhando idêntica referência gráfica, o "y" involuntariamente traçado pela hera crescida numa árvore mutilada, e que, espécie de fragmento inesperado do livro do mundo, se sobrepõe ao registro de quadro descritivo propositadamente prosaico.

A série de ecos ao mesmo tempo que parece criar um campo sonoro-imagético, em vez do repetitivo especular, do uníssono, acentua, via repetição, o caráter autocorretivo, as sucessivas mudanças de rumo, "a conduta continuamente provisória do poema" (para retomarmos comentário de Helen Vendler* sobre George Herbert e insistirmos na nota conceitual-metafísica). E é essa provisoriedade característica ao movimento meditativo e à dinâmica analógico-diferencial que singulariza o método poético de Lu Menezes.

Não é de estranhar que tantos de seus ecos e reduplicações operem, por vezes, repentinas autoanulações. Como no branco sobre branco, no exercício de propositada "descriação" que se realiza (retornando-se à hipótese de poema) no último segmento de *Onde no mundo*. Como, em *— Abre-te, rosebud!*, nos dois belos versos finais da última seção de "A Bordo da Chuva": "Ao largo, na lama, a alma/ bordeja e sulca seu anagrama".

Aí o que era semelhança sonora converte-se em súbita sobreposição — *a alma sulcando a lama* — ao final de um poema movido por imagens aquático-geográficas,

---

* Cf. Helen Vendler, *The Poetry of George Herbert*, Cambridge, MA: Harvard University Press, 1975.

por variações em torno da distância amorosa, expostas em jogos diversos de aproximação e dissimilaridade. De "falta em forma de úmida chama" a um deserto, um Saara, de um pequeno regato a uma baía, da Ilha de Páscoa à Índia, de uma xícara de chá à China que nela se experimenta.

Algo semelhante ocorre nos dois textos que constituem o díptico "Neves de Verão", exercício sequencial em modo analógico negativo. O primeiro deles sobre os "falsos flocos de neve" produzidos por uma fábrica de algodão, o segundo sobre uma foto de calendário, retratando chalés suíços em paisagem de neve, colada, no entanto, na parede de uma loja quente num dia cáustico de verão do Rio de Janeiro. À maneira do que observa Helen Gardner sobre os poetas metafísicos, ao mesmo tempo se impõem, no díptico, o registro comparativo (em rima imagética) dessas neves aparentes e a intensa consciência de sua dupla inadequação como paisagem invernal na loja de xerox e como produto da antiga fábrica de Bangu, porque papel e algodão não são floco de gelo.

Nessa confluência entre analógico e contraditório, parece se refazer, continuadamente, a indagação sobre o lugar da experiência do poema, sobre o lugar de observação, diverso, porém, do ponto perspectivo "nem muito perto, nem muito longe, nem muito alto ou muito baixo" referido por Pascal. Daí os muitos ondes que se multiplicam em — *Abre-te,* rosebud*!* — "onde fora de nós andará?", "onde água escondida", "onde nenhum pombo branco na neve nunca ecoou", "onde eu sofria", "onde é possível lembrar que se esqueceu de tudo" —, lista belamente resumida no texto que dá título ao volume, e no qual se indaga à coisa-*rosebud*, que eclode no poema em campo cavado pelo acaso: "com que olhar te colher?".

Enfatizam-se, então, no livro seguinte, névoas — como a que omite o Cristo de concreto em dia nublado ("Monumento na névoa"), sombras — como as silhuetas em ação na fachada de uma casa ("Pintura de ação"), como a de talvez pomba sobre o telhado ("Recuperação de Informação"), como as "quase inexistentes" em "Saaras contumazes" ("Fata Morgana"), "lentes nebulosas" ("Tombamento da Noite"), ópticas que escapam, e um "sub, micro-/olhar" ("O mesmo olhar"). Meneios, faíscas, modulações, ínfimos coleares, buraco de névoas — é, assim, numa espécie de lugar complexo entre indistinção e detecção, entre vizinhanças, entre "visível oculto" e "visível presente",* visível e inteligível, é que se costumam ensaiar figurações e expor o ato de ver na poesia de Lu Menezes como "um ver e um desver no olhar".**

Nesse sentido, o poema que dá título ao livro de 2011 é particularmente exemplar:

Onde o céu descasca

No interior
da pizzaria pintada de azul com nuvens
um ponto

---

* Como assinala Magritte sobre seu autorretrato "O filho do homem" (Apud Harry Torczyner, *Magritte: Ideas and Images*, New York: Harry N. Abrams, 1979, p. 172).

** Referência dupla a *It must be abstract*, seção VI, em *Notes toward a supreme fiction* (1942), de Wallace Stevens, e à tese de Lu Menezes, "Um ver e um desver no olhar: dinâmica cromática das poesias de Wallace Stevens e João Cabral", defendida na UERJ em 2001.

> onde descola a tinta, onde o céu descasca
> denuncia
> o sórdido teto anterior
> descor
> de burro quando surge
> E é só
> o que delicia certo solitário comensal
> — esse ponto no qual
> extramolduras
> o apetite de um Magritte por superfícies
> genuína companhia lhe faz
>
> — *Genuína companhia...*
> num simulacro de céu, tal ninharia?
> *Yes!*, no mínimo mais
> que a fatia no prato,
> o pedaço de teto nu e cru
> — amostra menor do limbo,
> do franco, fiel, frio limbo —
> duraria, oh sim, duraria

À circunstância corriqueira de alguém solitário comendo uma fatia pouco convidativa de pizza num restaurante se acrescenta aí um grau maior de prosaização com o registro de uma rasura no teto onde a tinta descolada deixa entrever "o sórdido teto anterior" repintado de "azul com nuvens". Se a fresta, à primeira vista, parece centralizar a observação ao longo do poema (lembrando talvez o "lugar verdadeiro", segundo Pascal, de observação de um quadro), nela se projetam, de imediato, bifurcações — indicando-se dois tempos coexistentes no teto, espelhando-se o pedaço de céu noutra fatia (a de pizza), e criando-se vizinhanças entre essa cena prosaica, a dimensão religiosa dessa "amostra menor de limbo" e o gosto de Magritte pela exposição do simulacro. Inclusive por meio de seus muitos céus nublados.

A reverberação imagética, em "Onde o céu descasca", desse ponto de fissura, desse recorte no teto, assim como outras formas de reduplicação, espelhamento e variação presentes na poesia de Lu Menezes, funcionam como meios de fazer com que o poema se redirecione continuamente. Não se trata apenas de figurá-lo assim, em movimento. Não se trata propriamente disso. Mas de considerá-lo enquanto ação, enquanto prática reflexiva. E de submetê-lo de fato a pressão dupla — analógica e contrastiva. E a um modo dubidativo-especulativo que inclui necessariamente o leitor.

Se marcados pela construção de núcleos sonoro-imagéticos, de relações de vizinhança é, todavia, em fuga, como movimento entre pequenas diferenças que se configuram os poemas de Lu Menezes. Uma compreensão dinâmica do poema e um processo analógico com efeito diferencial que textos como "Algo ágrafo", "Compasso-Corpo" e "Corpos Simultâneos de Cisne", entre outros, registram com peculiar precisão.

Em "Algo ágrafo", privilegiando-se o enlace entre o aparentemente outro, como entre a borboleta e a rede que a caça, o sofá e a cinza que o mancha, a orelha e o brinco, o girassol e seus grãos, "autoenlaces dos quais/ algo ágrafo nasce". Em "Compasso-Corpo", ao contrário, o aparentemente uno é que parece desfigurar-se, metamorfosear-se, voltar-se em torno de si — como uma tesoura curvilínea, um camelo em círculos numa praça, "um Midas fugaz que em nós/ mesmos nos muda". Registrando-se, ao longo de todo o poema, precisa apropriação, por parte de Lu Menezes, da figura do compasso, usada por John Donne em "Em Despedida: Proibindo o

Pranto", mas para tratar não da transformação do dois em um, e sim dos mil modos de um "uno" elástico.

Em "Corpos Simultâneos de Cisne", persiste a referência à poesia metafísica inglesa por meio de disposição gráfica à maneira de duas ampulhetas sobrepostas — bastante semelhante à de "Asas de Páscoa", de George Herbert. Uma estruturação-em-eco na qual contrastam-se "branco ideal" e "branco real", uma ampulheta e um saco de sal, um cisne e uma embalagem de "Sal Cisne". A referência ao cisne remetendo evidentemente a figura emblemática,* na modernidade, da reflexão sobre o lugar social do poeta, e a sobreposição de brancos evocando, mais uma vez, o monocromo malevichiano, a desvinculação entre cor e representação, a relação entre cor e suporte. Na confluência dessas refigurações (à distância) de rupturas do moderno e das tensões entre impulso imagético e seu calculado emaranhamento (via ecos contrastivos), cabe ao poema fazer de si mesmo, e "sem desemaranhá-las",** lugar de experiência intelectual e de autoexposição-em-movimento. Esse o exigente projeto que parece conduzir a trajetória poética de Lu Menezes.

---

* Ver, por exemplo, Timothy Hampton, "Virgil, Baudelaire, and Mallarmé at the Sign of the Swan: Poetic Translation and Historical Allegory". *Romanic Review* 73 (1982): pp. 438-51.

** ADORNO, Theodor, "O ensaio como forma". In: *Notas de literatura I*. Trad. de Jorge de Almeida. São Paulo: Duas Cidades/Editora 34, 2003, p. 30.

ÍNDICE EM ORDEM ALFABÉTICA DOS TÍTULOS DOS POEMAS

A bordo da chuva, 254
A coisa em *loop*, 179
A leiteira, 264
— Abre-te, *rosebud*!, 223
Afago, 248
Afinação, 171
Água de "igual", 240
Ah ver o mar, 273
Air de Nair, 222
Alcance, 224
Algo ágrafo, 241
Alhures *allures*, 221
Amostras, 89
Ao vento, 131
Ar do tempo, 20
Arraia, 112
Árvores de Natal no escuro, 29
Atos do olhar, 36
Bandeira eviscerada, 218
Bandeiras, 133
Branco, 216
Brilho de almas, 137
Brinde, 236
Campos, pontos, 83
Cerâmica, 249
Cola com anticolas, 170
Como casa japonesa, 185
Como uma gaivota, 183
Compasso-corpo, 242
Contigo não falo, 26
Corpos simultâneos de cisne, 217
Das árvores que as marés marinham, 271
De certa classe de lembrança, 276
De volta à Terra, 103
Destinos, 129
Diminuindo-aumentando, 188
Distâncias não mensuráveis I, 19
Distâncias não mensuráveis II, 228
Distâncias não mensuráveis III, 21
Do Flamengo ao Lamego, 148
Duas cores tinha "O Globo" em 26/9/76, 266
Elã bilateral, 75
Enlevo do guloso, 203
Enseada, 251
Entrando em casa, 270
Entre gêmeas, 177
Entre pães de açúcar, 110
Epífita, 205
Era negra e era a Lua, 161
Escafandro para Narciso, 189
Espécies de sombra, 167
Espelho nosso, 23
Espigas gigantes, 149

Espuma, 274
Está falando comigo?, 25
Estirpe, 204
Eu desejava, 278
Faro para diamantes, 184
Farsante, 31
Fata Morgana, 120
Fellini e a aura ruante, 32
Figos nos bolsos, 180
Flash forward, 43
Folheando o sono, 41
Fontes de renda, 77
Grandezas, 210
Graxa-de-estudante, 178
Há um dia há um céu, 265
Homem-tatuí, 119
Ilhas, ilhéus, nomes, 134
Iluminação a esmo, 123
Instante, 247
Interpretando um sonho, 39
Laranja, azuis e lilases, 202
Leitura silenciosa, 166
Língua, 201
Linguagem de fadas, 144
Linhas de navegação, 79
Linhas de transporte, 81
Linhas de tensão, 85
Lírio, 95
Lugar, 143
Luzes ao longe, 140
Luz tenaz, 44
Mais pontos, 93
Manhã de prata, 118
Massa estelar, 122
Metros verdes, 121
Mil vivas à voz, 155
Mirtilos, 182
Mise en page, 151
Molduras, 229
Monumento na névoa, 136
Música de Moebius, 172
Na galeria, 145
Neves de verão, 219
Newton e o Natal, 146
No fundo e na superfície, 33

Nuance entre lilases, 154
O casaco encantado, 234
Ó dia verde, 279
O elevador estampado, 263
O luar, 275
O mesmo olhar, 147
O que se junta à gema, 186
O sol não é uma estrela, 227
Olhava, 262
Onde no mundo, 91
Onde o céu descasca, 106
Ordenha, 208
Ornitomancia, 150
Papéis da prata, 117
Partida, 132
Pátria-língua, 277
Pensar, curar, experimentar, 163
Pingos, 250
Pintura de ação, 168
Pisando na rua Bambina, 268
Plantações de vermelhos, 152
Pó, 232
Poíesis, 35
Ponte suspensa, 169
Propriedade, 113
Proscrição, 253
Querida holandesa de Vermeer, 49
Quiasmos, 231
Recuperação da informação, 165
Relevos, 230
Render, 237
Revisão do Paraíso, 243
Rio congelado, 107
Sal de si, 239
Seios feios, 181
Serendipity, 173
Sightseeing, 38
Sine qua non, 157
Sol de Nietzsche e Hubble, 164
Soprando um Burano, 45
Sucção, 252
Surprise! Surprise!, 47
Tecidos, 233
Tesouro, 215

Tinta do céu, 105
Tombamento da noite, 138
Transporte para "nunca", 209
Tsunami e vizinhança, 125
Um Rio chinês, 109
Um Rio luso-holandês, 111
Uma nova beleza, 191

Utensílios, 206
Vasta via, 207
Versão, 37
Vida auditiva, 27
Vista para chafarizes, 108
Viviam dentro, 261
Y, 235

Copyright © 2022 Lu Menezes

Todos os direitos reservados. Nenhuma parte desta obra pode ser reproduzida, arquivada ou transmitida de nenhuma forma ou por nenhum meio sem a permissão expressa e por escrito da Editora Fósforo e da Luna Parque Edições.

O livro *Onde o céu descasca*, de 2011, foi propiciado pelo Programa Bolsa Vitae de Artes (e intitulado inicialmente *Onde no mundo*).

EQUIPE DE PRODUÇÃO
Ana Luiza Greco, Fernanda Diamant, Julia Monteiro, Leonardo Gandolfi, Mariana Correia Santos, Marília Garcia, Rita Mattar, Zilmara Pimentel
PREPARAÇÃO Natalia Agra
REVISÃO Anabel Ly Maduar
As quatro fotos de "Soprando um Burano" e "*Surprise! Surprise!*" são da autora
DIGITALIZAÇÃO DAS FOTOGRAFIAS Julia Thompson
IMAGEM DA PÁGINA 51
Moça lendo uma carta à janela (c. 1657-59), de Johannes Vermeer
Pinacoteca dos Mestres Antigos
Dresden, Alemanha
PROJETO GRÁFICO Alles Blau
EDITORAÇÃO ELETRÔNICA Página Viva

A marca FSC® é a garantia de que a madeira utilizada na fabricação do papel deste livro provém de florestas gerenciadas de maneira ambientalmente correta, socialmente justa e economicamente viável e de outras fontes de origem controlada.

Dados Internacionais de Catalogação na Publicação (CIP)
(Câmara Brasileira do Livro, SP, Brasil)

Menezes, Lu
    Labor de sondar : poesia reunida [1977-2022] / Lu Menezes. — São Paulo : Círculo de poemas, 2022.

    ISBN: 978-65-84574-07-6

    1. Poesia brasileira I. Título.

22-111262   CDD — B869.1

Índice para catálogo sistemático:
1. Poesia : Literatura brasileira   B869.1

Cibele Maria Dias — Bibliotecária — CRB-8/9427

CÍRCULO *Luna Parque*
DE POEMAS *Fósforo*

circulodepoemas.com.br
lunaparque.com.br
fosforoeditora.com.br

Editora Fósforo
Rua 24 de Maio, 270/276, 10º andar
01041-001 - São Paulo/SP — Brasil

CÍRCULO *Luna Parque*
DE POEMAS *Fósforo*

Este livro foi composto em GT Alpina e
GT Flexa e impresso pela gráfica Ipsis em
agosto de 2022. Que tal um encontro
entre o branco da Cordilheira dos Andes
e o branco sobre branco de Malévich?
A tinta de um teto que descasca.